낚시꾼 김필의 세상읽기

사람들 풍경

공감과 비평

PART I

지금 우리들은...

드라이브인 DRIVE IN

한번 해병만
영원히
해병이 아니라
한번 부자도
영원한
부자인기라.

PART I

지금 우리들은...

국난산하재 國難山河在

서민들의 가정은
풍비박산 났어도
산천은 여전히
푸르고 건강하구만 ...

PART I
지금 우리들은...

경조競釣

PART Ⅲ

세월이 하수상하여...

꽃

꽃은 보지 않아도
알아챌수 있듯이
우정도 그런거야···

PART Ⅲ
세월이 하수상하여...

미인계

에휴~

PART Ⅳ

이 사람들 좀 보소!

그 나물에 그 밥

낚시꾼 김필의 세상읽기

blog.naver.com/kimphil21

낚시꾼 김필의 세상읽기

낚시꾼 김필의 세상일기
사람들 풍경

초판 1쇄 인쇄 2008년 12월 17일
초판 1쇄 발행 2008년 12월 23일

지은이 김학필
그림 오금택

발행인 김은경
발행처 3mecca
출판등록 2002년 9월 23일 제 300-2002-195호
주소 서울시 종로구 중학동 111번지 경제통신빌딩 6층 (우) 110-150
전화 (02) 733-0617, 팩스/ (02) 734-0657
웹사이트 http://www.3mecca.com
e-mail 3mecca@3mecca.com

값 9,800원

ISBN 978-89-92534-08-6 13810

* 기업-개인 직접주문: 3mecca.com (전화 02-733-0617)
* 잘못 만들어진 책은 바꾸어 드립니다.

공감과 비평은 3mecca의 인문사회과학 출판 브랜드입니다.

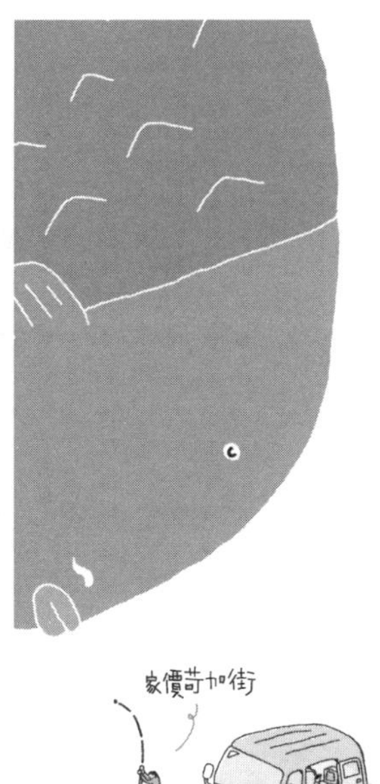

낚시꾼 김필의 세상읽기

사람들 풍경

家價苛加街

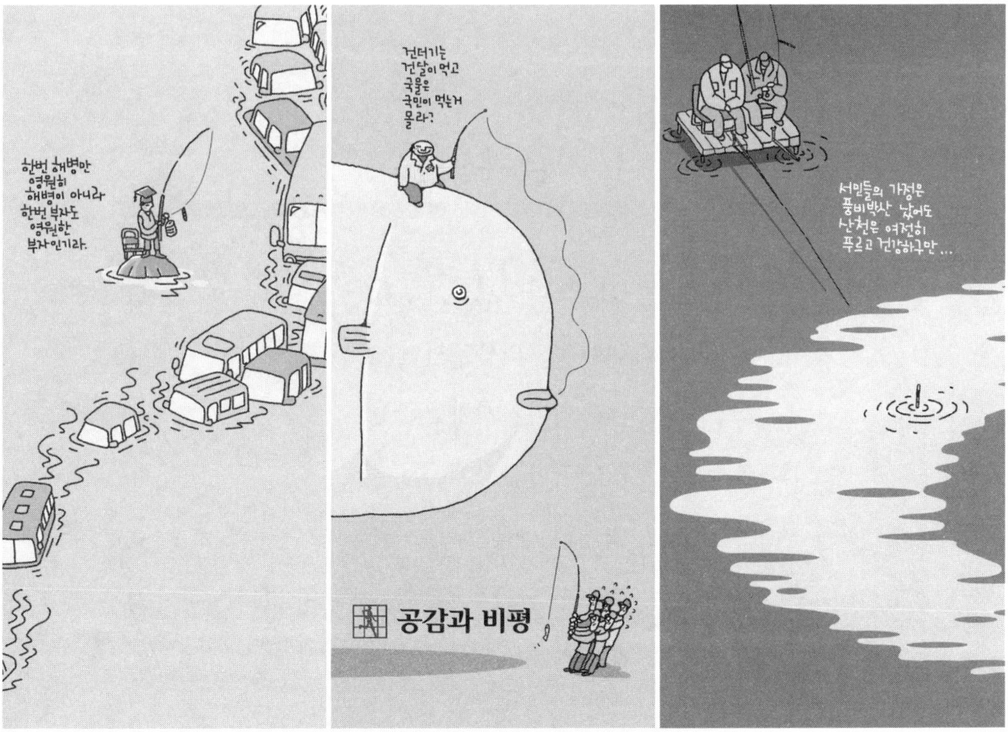

한번 해병만
영원히
해병이 아니라
한번 부자도
영원한
부자인기라.

건더기는
건달이 먹고
국물은
국민이 먹는거
몰라?

공감과 비평

서민들의 가정은
풍비박산 났어도
산천은 여전히
푸르고 건강하구만 …

낚시꾼 김필의 세상읽기

사람들 풍경

CONTENTS

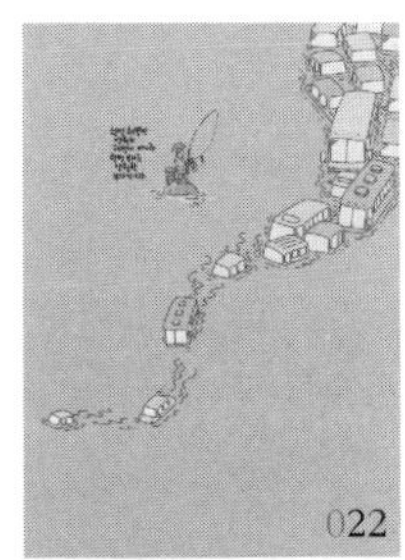

022

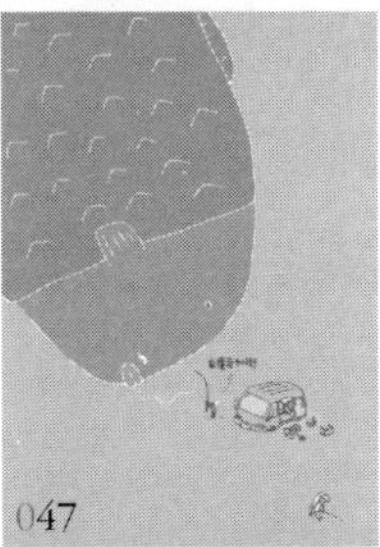

047

053

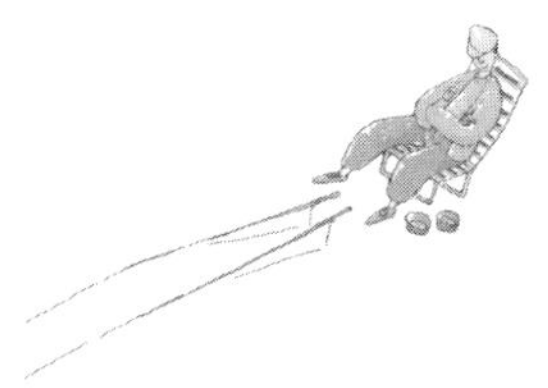

I. 지금 우리들은...

077

081

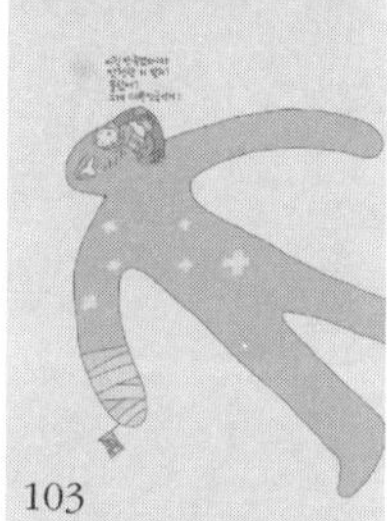
103

131

137

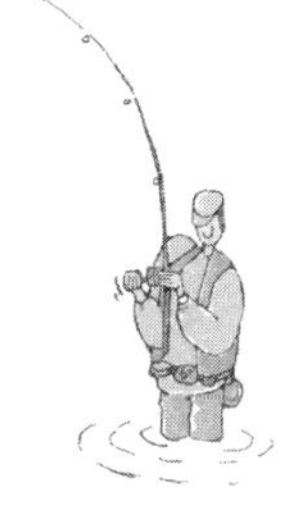

II. 한 고비 넘으면 또 한 고비

III. 세월이 하수상하여...

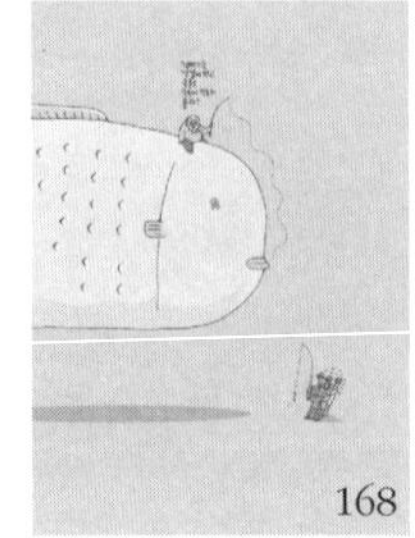

Ⅳ. 이 사람들 좀 보소!

Ⅴ. 사람과 사람사이

사람들
풍경

“백전백패 - 이것이 수없이 누비고 다녔던 취업전선에서 내가 올린 전과였다. 잔뜩 기대를 했던 회사에서 연락이 없을 때마다, 퇴근하는 선배나 친구들을 만나서 술잔을 나누고 싶었지만 외판원이 아닐까 하고 지레 겁을 먹을까봐 내 스스로 연락을 끊었고, 결혼까지 약속을 했던 여자에게 채인 날도, 다음 날의 면접을 위해 술집 대신에 피부관리실로 달려가서 속으로 울던 나였지만, 한 번 밀리기 시작한 전선은 걷잡을 수가 없었다. 나보다 훨씬 더 강력한 신병들이 해마다 밀려들어서, 졸업한 지 3년이 지났을 때는 노병도 아니고 예비군도 아닌 전사자 취급이었다.”

—〈드라이브인〉 중에서

PART Ⅰ
지금 우리들은...

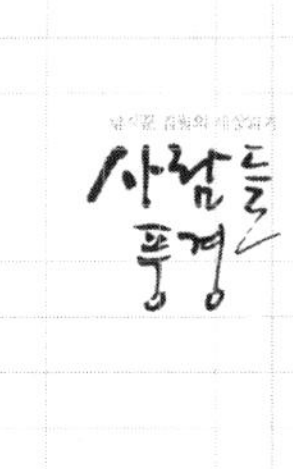
사람들
풍경

PART I
지금 우리들은...

드라이브인DRIVE IN 01

평소처럼 오후 늦게 잠에서 깬 나는, 화장실을 가려고 담배를 찾았지만 재떨이엔 꽁초도 아닌 필터만 수북했다. 자주 겪는 일이라서 나는 곧장 안방에 들러, 아버님의 재떨이에 있는 꽁초들을 모두 가지고 나왔다.

신세타령도 물 건너 간 지 이미 오래여서, 곧장 신문지에 꽁초들을 까서 골고루 펴고 정성스레 침을 바르고 도르르 말아서 만든 '말아초!' 한대를 맛있게 피워 물고 볼일을 보다가, 아버님이 남들 다 하는 금연을 하지 않는 것이 고마워서 고개가 저절로 꺾였다.

언제부터인가 특별한 날이 아니면 자고 먹는 일 외에는, 세수나 양치질도 생략하고 며칠 씩 버티다가 내가 생각해도 너무 한다 싶을 때, 한번 씩 시늉만 내고 살아 버릇한 지도 오래되었다. 그래도 일상생활에는 조금도 불편함을 못 느끼는 체질로 바뀌어서, 볼일 보고 난 손도 화장실에서 씻지 않고 주방의 싱크대에서 대충 닦았다. 오늘도 부모님들은 아침상을 물리자마자 일찌감치 나가셨을 테고 혼자서 밥 먹는 것에 이골이 난 나는, 싸늘하게 식은 콩나물국에 전기밥솥의 더운밥을 말아서 김치 한 가지로 후딱 해치웠다. 냉장고 안에는 밑반찬도 여러 가지 있었지만 꺼내는 것도 번거롭고 뒷설거지는 더더욱 귀찮아서, 일식 일찬이 기본이었다.

인간 이정백李政百이가, 이민 갈 때 가져간 돈 다 털어먹고, 서방이 자러 오면 마누라가 출근하고, 마누라 퇴근하면 서방이 일하러 가는 서글픈 부부들 같이, 한 집에 같이 사는 어버이들과의 접촉도 한사코 기피하면서 얹혀사는 이유는 오직 하나, 세상에 넘쳐나는 구직자들 속에서 나의 존재는 없어서 그런 거였다.

백전백패—이것이 수없이 누비고 다녔던 취업전선에서 내가 올린 전과였다. 잔뜩 기대를 했던 회사에서 연락이 없을 때마다, 퇴근하는 선배나 친구들을 만나서 술잔을 나누고 싶었지만 외판원이 아닐까 하고 지레 겁을 먹을까봐 내 스스로 연락을 끊었고, 결혼까지 약속을 했던 여자에게 채인 날도, 다음 날의 면접을 위해 술집 대신에 피부관리실로 달려가서 속으로 울던 나였지만, 한번 밀리기 시작한 전선은 걷잡을 수가 없었다. 나보다 훨씬 더 강력한 신병들이 해마다 밀려들어서, 졸업한 지 3년이 지났을 때는 노병도 아니고 예비군도 아닌 전사자 취급이었다.

더 이상 기댈 언덕도 없고, 검색창을 열어 볼 기력도 다해 갈 무렵, 지원자들 태반이 4년제 대졸이란 소문을 듣고 다시 용기를 내어서 응시했었던 환경미화원 채용시험에서, 가장 중요한 '모래자루

메고 50미터 달리기'를 할 때, 낯익은 과 후배, 동아리 후배녀석들이 펼치는 축지법에 주눅이 들고, 학사보다 석사, 석사보다 박사들이 더 급하게 내달리는 것을 목격하고는 청춘을 몽땅 바쳤던 취업전선에서 마침내 백기를 힘차게 흔들어 버렸다. 그때, 시험장이었던 어느 중학교의 운동장 한 귀퉁이에서 긴장을 풀기 위해서 주위의 크고 작은 교회 십자가를 헤아려 보다가, 하늘을 찌를 듯이 우뚝우뚝 솟은 그 숫자가 금방 서른 개를 넘었을 때, 나는 이미 낙방을 예감하고 있었다. 십자가가 늘어날수록, 알 수 없는 절망감도 더해 가면서, '수고하고 무거운 짐을 진 자들이 얼마나 많으면, 저렇게 많은 십자가들이 벌건 대낮에도 벌겋게 불을 밝히고 있을까?' 하는 생각과 함께, 마지막 청소차를 놓치지 않으려고 모래자루를 짊어지고 젖 먹던 힘까지 다 하는 수많은 인텔리겐차들 속에서 내 자신이 너무 초라하게 느껴져서 맥이 풀려버렸다.

그날 이후로 실낱같은 희망의 끈도 스스로 끊어 버리고, 낮엔 자고 밤새도록 울어대는 신생아처럼 낮과 밤이 바뀌어서, 식사는 물론이고 소변도 참고 참았다가 유령같이 슬그머니 왔다갔다하는 생활이 시작 되었다. 그렇게 변해 가는 아들을 애써 외면해 주시던 내 어버이들의 속에서 홍수가 지는 것을 나는 매일 낮 꿈속에서 보고 있었다. 부친의 빠듯한 연금으로 가계를 꾸려 가시는 어머니가, 담배 외에도 가끔씩 할인마트에 가실 적마다 동네슈퍼보다 싼 맛에 사오시는 소주도, 졸업 직후의 자신만만하던 시절에 단골 스낵바에서 키핑해 놓은 양주 찾아 마시듯이 아껴가며 마셨다. 어떤 날은 부친

이 약 삼아 드시는 과일주까지 밥사발에 두어 잔 따라 마시고 곯아 떨어졌다가 저녁 무렵에 깨어나서, 또 하루가 지난 걸로 착각을 하고 엉뚱한 소리를 할 때도 있었고, 내가 그럴 적마다 두 분이 그 자리에서 폭삭 늙어 버리는 것을 분명히 봤다.

그렇게 달이 차고, 해가 바뀌고, 또다시 달이 꽉 찼던 작년 입동 무렵이었다. 그날도 역시 다 저녁때가 되어서야 잠에서 깨고 철밥통 백수의 직업병인 불면의 밤을 지새려고 TV 리모컨을 만지작거리고 있을 때, 부친께서 내 방으로 오셔서 실로 오랜만의 부자상봉이 이루어졌다. 자식농사를 완전히 실농하신 부친께서는, "안 보믄 보고 싶고, 막상 보믄 이 갈리고 본전 생각이 간절하지만도 우짜겠노? 부모 자석 지간인데...괘않타! 우짜든동 마음 단디 묵고 건강하게만 살아라. 그라믄 뭐가 돼도 된다. 니가 인물이 빠지나, 배운 기 넘보다 적나? 마음 느긋하기 묵고 더 기다리 보자. 잘 될끼다!"하고 이런 저런 위로의 말씀 끝에, "이전부터, '하루 묵고 사는 거는 각설이 타령이 제일이고, 농사 중에서는 사발농사가 최고!'라는 말이 있다. 요새는 세월이 좋아져서, 갱노당에 가 있으믄 점슴도 공짜로 믹이 준다더라. 우리 형편에 하루에 밥 두 그릇이 어데고? 그런데 가서 영감 할마이들, 끼리끼리 어불리서 놀믄 시간도 잘 가고. 건강에도 좋은 기라. 젊으나 젊은 놈이 밤낮 방구석에서만 뒹구는 꼬라지 보기 싫어서, 너거 엄마하고 내가 밖으로 나 돌라 카는거는 절대로 아이다. 알겠나? 그리 생각한다믄 그거는 니 자격지심이다. 말이 좋아 평생교육이라지마는, 그거 다 헛소리라! 배울 만큼 배워서, 더 이상 댕길 학교도 없고, 가르칠 선생도 없는 너거들을 이 꼴로 만든 거는, 돈 놓고 돈 묵고, 당파싸움으로 저거끼리 박 터지는 그것들 때문인데, 너거가 미안해 할꺼 없다……. 그러나 그렇다꼬 해서 나이 많은 부모들, 빼만 남은 가슴에까지 묻힐라꼬 하는 염치없는 놈들은 절대로 용서가 안 되는기라! 서로 안부를 묻고 살아가는 친구들 중에서도 만에 하나, 그리 불효막심한 생각을 품고 있는 놈이 있으마 당장 절교해라. 저거 엄마가 지 때문에 곯이 묵은 미역꼬랑댕이 값도 몬 갚은 주제에, 마지막 기름값까지 부담 시키고 가는 그런 놈들은 함부래 가까이 하지 말으래이. 이 애비 말이, 무슨 말인지 알겠제……. 이거는 내가 할란다. 안 그래도 갱노당에 처음 가는 날, 넥꼬다이 한번 메고 갈라꼬 했는데, 이거 맞춤 맞네. 잘됐다!"하고 일어나시면서, 침대 머리맡에 무심코 걸어놨던 넥타이를 낚아채셨다. 버스비도 없어서 허구한 날 방안에서만 뒹굴다보니, 늘어나는 뱃살을 감당 못한 혁대가 탈이 나버려서 그 대용품으로 쓰려고 한 거였는데, 부친께서는 엄청난 오해를 하셨던 거였다.

대충 배를 채운 내가 두 가치째의 '말아초'를 말고 있을 때 거실의 전화가 계속 울어대고 있었다. 받아 보니 우리 집에서 버스로 약 30분 정도 걸리는 수산시장에서 활어소매상을 하는 형이었다.

"니 퍼뜩 와서 도다리 좀 가 가서 어무이 드리라. 그라고 니한테 꼭 할 애기도 있고 하이께네 지금 막바로 출발해라. 너거 형수는 축구부 학부형들 모임이 있어서 금방 나갈끼다. 그리 알고 온나."

모처럼 씻고 경노당으로 가서 할머니들 방 앞에 서성거리다가, 나 하고 눈이 마주친 어머니를 간첩들 접선하듯이 해서 차비를 타냈다. 버스를 탈 때는 요금이 인상 된 줄을 몰라서 실수를 하고 기사와 다른 승객들의 뜨거운 눈총을 받았다. 수산시장에서 내릴 때도 뒤꼭지가 뜨거웠던 나는 형의 가게가 잘 보이는 곳에서 한참 동안 내부를 살펴보았다. 저녁 장 보러 나온 주부들은 모두 돌아가서 한창 음식을 장만할 시간이고, 횟감 고르는 술꾼들이 몰려 오기엔 아직 이른, 어중간한 때였다. 손님도 없고 주인들도 안 보이는 것이 형수는 학부형 모임에 갔고, 형은 가게에 딸린 손바닥만한 골방에서 쉬고 있는가 보았다. 만만한 싹을 본 나는 가게로 성큼 들어갔다. 그러나 골방 앞에 벗어 놓은 여자 신발을 보고 살그머니 돌아서다가, 형의 목소리가 심상치 않아서 가만히 듣고 있었다.

"안된다! 축구하는 큰놈 하나 뒷바라지 하는 것도 억시기 버거운데, 재성이까지 야구를 시킨다꼬? 이 여자가 정신이 있나 없나? 서방은 감기몸살이 나서 맨날 매칠을 콜록거리도 내 몰라라 하면서, 새끼한테는 보약을 바리바리 싸들고 따라 댕기는 기 잘 하는 짓이가? 그라고, 축구장에 새끼들 응원 하러 간 여편네들 끼리 머리끄댕이 잡고 싸우는 것도 모자라서, 인자는 야구장에서 홀랑 벗고 할마시 치어리더 할래? 사람 고만 좀 웃기라! 우리 친목계에서 내 밸명이 뭔지아나? '짝째기다, 짝째기!', 빨래를 했으믄 양말 같은 거는 짝을 찾아서 딱 딱 정리를 해 놔야 될거 아이가? 양말 갈아 신을 때마다 그 노무 꺼 찾다가 신경질이 나서, 인자는 아무거나 걸리는대로 신는 버릇이 돼가꼬 그기 별명으로 굳어뿌따. 지끔도 눈이 있으믄 봐 바라. 왼쪽은 겨울 꺼고 오른 쪽은 여름 꺼 아이가? 아무리 허물없는 친구들이라도 뒤에서는 니보고 욕한다. 서방 있고 자석 낳지, 자석 나고 서방 있나? 그라고 집안에 공부하는 놈도 하나는 있어야 된다."

"양말 같은 거는 찬차이 찾으면 지 짝 다 있는데, 당신 성질이 급해서 그런 거를 와 내 탓을 하요? 허이구 참말로! 친목계원들이라꼬 모이 봐야, 전부 후줄그레하고 깔끔한 사람도 짜다라 없더마는…… 하이튼 한국사람들은, 저거 생긴 꼬라지 생각은 안하고, 넘의 말은 잘 한다카이…… 그라고 내가 저번에 싸운 것도 사실은, 전반전 끝나고 오줌 누러 갔는데 원정팀 어마이 같은 늙은 거 하나가 내 보고 '변기 맥혔다' 꼬 하민서 청소부 취급을 하는 바람에 내가 그년을 깔치 뜯어 가꼬 그리 된 거요. 그게 비하믄 '짝째기' 는 오감타!"

"잘했다! 허, 허, 허. 바닥에 똥물하고 오줌이 흥건한 밴소에서, 선수들 어마이들끼리 머리끄댕이 잡고 뎅굴었으믄 볼만했겠네. 우찌 생긴 여잔지는 몰라도 그 여자가 진짜로 사람 잘 봤다! 양말 하나도 제대로 정리 몬 하는 칠칠맞은 여편네가, 공설 운동장 밴소 청소는 제대로 하겠나? 허, 허, 허……."

"말을 해도, 꼭 저리 인정머리 없는 소리만 골라서 한다. 허이구 참말로! 누가 할 소리를 누가 하노? 그래, 어떤 사람은 대학까지 나오고도 몬 하는 거를, 여상 졸업 배끼 몬 한 내가 떡 하이 공설운동장 청소부를 하믄 출세 한거네?"

"뭐어? 이기 지금, 뭐라카노?"

"체, 내가 모리는 줄 아는 가베. 삼춘 환경미화원 시험도 떨어진 거 진작에 알고 있었소. 내가 그래서 우리 얼라들은 죽으나사나 운동을 시킬라 카는기라. 쌔가 빠지기 공부 시키믄 뭐하노? 청소차 뒤꽁디에도 몬 매달리고 나가 떨어지는데, 어이구 넘사시러버라."

"에라이!"

"아이구 아야! 와 사람을 패고 지랄이고? 아이고 아야!"

더 이상은 차마 들을 수 없어서 돌아서는 순간, 골방 문을 박차고 나오던 형과 눈이 딱 마주 쳤다.

시장 후문 쪽의 공터로 간 우리는, 술병들을 가운에 놓고 마주 앉았다.

"자, 한잔 하자!"

종이 컵에 넘치도록 부어 주는 소주를 단숨에 들이키고 나니. 그때까지 꽉 막혔던 숨통이 조금 트이는 것 같았다.

"행님, 미안합니다!"

몇 달 만에 보는 형님에게 겨우 그 말 밖에 할 수가 없었다.

"씰데 없는 소리 하지 말고, 술이나 묵자."

우리는 서로 경쟁하듯이 소주를 마셨고 전주가 있었던 형도 그랬지만, 나도 모처럼 만의 술이라서 취기가 빨리 돌았다. 소주 네 병을 순식간에 마셔 버리고 또다시 술을 사러 가려고 일어서던 형이, 때마침 후문의 경비실에서 빈 그릇을 찾아가는 내 또래의 사내를 불러 세웠다

"바쁜가베?"

" 어? 이 사장님, 우째 여개 앉아 계십니까?"

오토바이 뒤에 커다란 배달통을 싣고 있는 그는, 보안경이 아닌 검은 뿔테의 도수 높은 안경을 쓰고 있었다.

"오래간만에 동생 만내가꼬 이바구 좀 하는 중이라. 우리도 감자탕 작은 거 하고, 소주 한 서너 병 가꼬 오소!"

"예, 알았심다."

주문을 받고 가는 그의 뒷모습을 물끄러미 바라보고 있던 형이 담배를 꺼내 물면서 혼잣말처럼 중얼거렸다.

"'조박사 감자탕' 집 외동아들이다."

"아까 오민서 보이까네, 그 집 주인이 바뀐 모양이던데요? 먼저 그 간판이 아이던데."

'조박사 감자탕' 이라면, 형하고 자주 갔던 집이어서 아까도 버스 정류장 근처에 있는 그 가게 앞으로 지나오면서 쓰윽 훑어 봤었다.

"니도 봤구나! 그 영감이 그 자리에서만 삼십 년 째 장사를 하고 있는데, 가기는 어데로 가? 주인은 그대론데 간판만 '조박사 감자탕' 에서, '조가네 감자탕' 으로 가운데 글짜 하나만 살짝 바꾼거지."

"조박사 감자탕이라믄 맛있다꼬 소문이 쫙 났는데 간판을 바꾸다이, 그 영감 노망들었소?"

술 때문에 몸과 마음이 사르르 풀려서 무심결에 내 발등 찍는 소리를 하고 말았다.

"그 영감은 백살을 넘기 살아도 노망 안 들 사람이다. 사실은, 아까 주문을 받고 갔던 그 사람이 진짜로 경영학박사거든. 그런데 몇 년 째 취직 몬하고 빌빌거리이까네 그 영감 성질에 '야, 이놈아! 다 때리 치우고 점빵에 나와서 배달이라도 해라.' 하민서 배달하던 총각을 내 보냈단 말이다. 그라이께네 영감 친구들이나 주변 사람들이 '와! 진짜로 박사가 하는 감자탕 집 맞네!', '말이 씨가 된다더마는, 옛날 말 틀린 거 없다!' 하고 저거 끼리 희희덕거리는 거를, 영감이 듣고 열을 받아서 하루아침에 고마, 간판을 싹 바까 뿟다 아이가! 그 친구 요새, 저거 아부지 밑에서 고생 대기한다. 불상해서 몬 본다."

그제야 나는 형이 꼭 할 말이 있다고 한 것이 어떤 내용인지 대충 감이 잡혀서 불안해 지기 시작했다.

"일자리를 억수로 마이 만들겠다꼬 장담한 갱제 대통령도 뽑았고, 그 밑으로 유능한 인재들도 마이 들어 갔으이까네, 앞으로 뭐가 안 달라지겠소?"

"니, 아직 멀었다! 부동산 거래 할 때 작성하는 서류 한 장도 옳키 쓸 줄 모리는 그 바보, 빙시이 새끼들이 유능하다꼬? 옛날에 복덕방 했던 영감들도 훤하게 꿰고 있는 토지거래법도 몰라서 만날 욕을 묵고, 미국 관보를 엉터리로 해석을 해서 국민들을 골병들이는 그 소새끼들이 유능해? 꼴랑 몇 십억 배끼 없는 저거 재산도 파악을 몬하고 살다가, 신고 할 때는 꼭 빠트리고 나중에 들통이 나믄 '몰랐다', '실수다' 하고 얼굴 벌개 가꼬 말을 더듬는 그런 것들이, 수천 억, 수 조 원이 들어가는 나라 일을 제대로 할 수 있겠나? 택도 없지!"

"고기도 묵어 본 놈이 잘 묵는다꼬, 돈도 벌어 본 사람들이 잘 버는 거고, 그런 사람들이 나라를 책임지고 나가믄 백성들한테 떨어지는 거도 많을 꺼 아이요?"

형의 속내를 알아내고 거기에 대한 대비를 하기 위해서, 입술에 침도 안 바르고 속에 없는 소리도 해 봤다.

"아이갸아! 이거 큰일 났네. 봐라, '유유상종'이라꼬, 부자도 저거끼리만 노는기라! 예를 하나 들어보께. 엊그제 까지만해도 반지하 단칸 전세방에서 식구대로 오골오골 찡기 살다가, 우찌우찌해서 서민 아파트라도 겨우 장만한 여편네들끼리 모이믄 우짜더노? 좁은 집구석에서 뒷물도 옳키 몬하고 살던 것들이 하루아침에 사모님 티를 내면서, 아파트 값 단합부터 해 놓고는 옆동네 임대아파트 가난뱅이 자식들 하고는 같은 학교 몬 보낸다꼬 만날 데모하고 지랄하는거 몬 봤나? 그런데, 집 없는 설움에 울기도 많이 울었을 그 사모님들이 하나만 알고 둘은 모르는기라. 돈 많은 그 돌대가리들도 나라 일은 뒷전에 밀어 놓고 '꼬질꼬질한 것들 꼬라지 보기 싫다, 이곳 주민 외에는 우리 동네에 얼씬거리지 말아라', '소음하고 매연 때문에 몬 살겠다. 국산 차 통행금지' 하고 편 가르기부터 하믄 우짤끼고? 같은 수준의 사람들 하고만 살겠다꼬 머리를 굴리믄 우짤낀가 그 말이다."

"에헤이, 행님도……."

"한번 해병만 영원한 해병이 아이라, 인자는 한번 부자도 영원한 부자인기라! 끼리끼리 어불리서 사돈을 맺고 이리 얽히고 저리

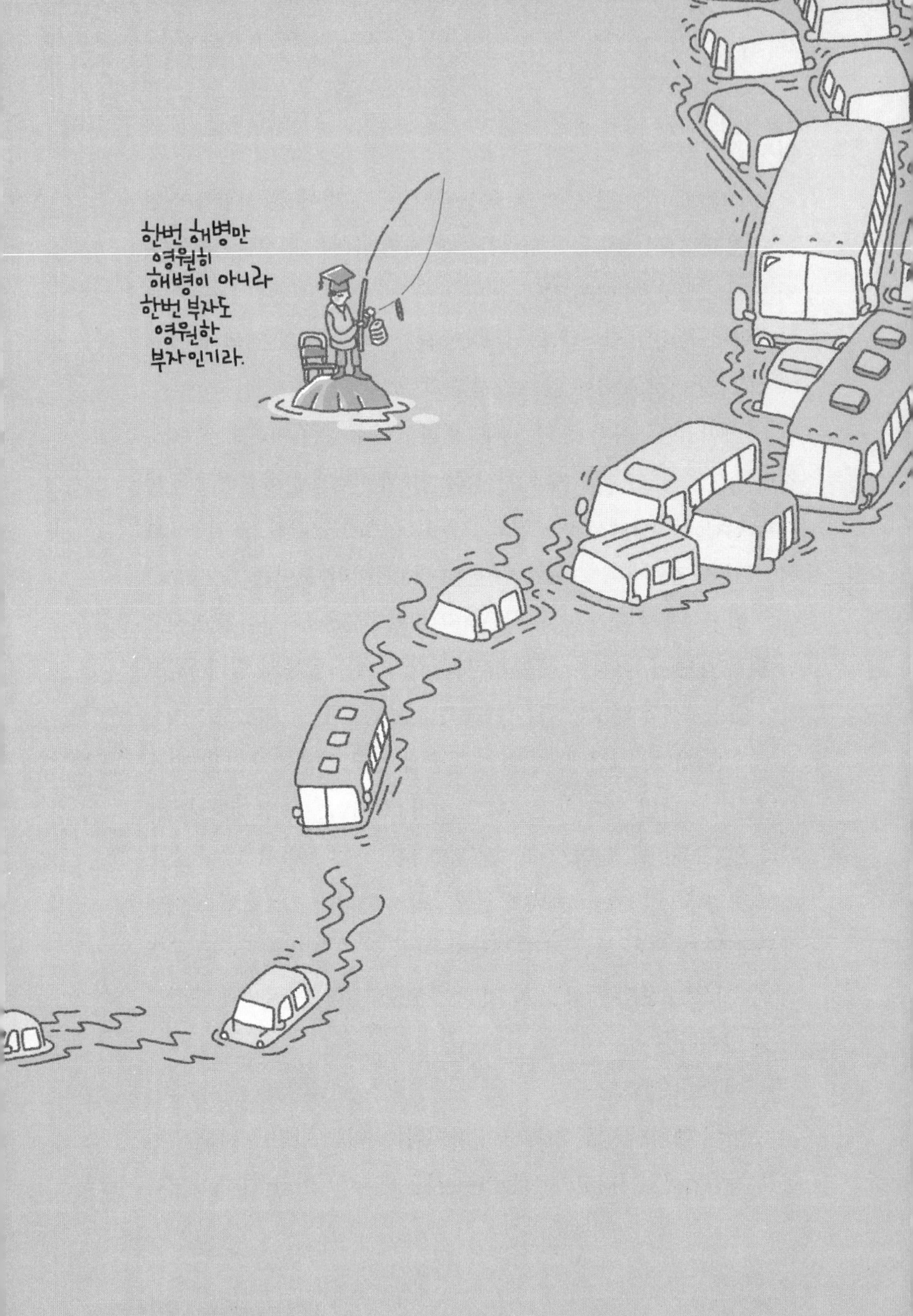
한번 해병만
영원히
해병이 아니라
한번 부자도
영원한
부자인기라.

얽히는 이유가 뭔데? 니도 잘 아다시피 내가 필리핀에서 수산물 가공 공장을 동업해 볼라꼬 들락거릴 때, 그 나라에 대해서 공부를 쪼매 했다. 누고? 그 도둑놈들……. 아……. 갑자기 생각이 안 나네……. 거 와, 안 있나? 구두공장 하다가 망한 년 매쿠로 명품 구두만 해도 수 천 커리가 넘던……."

"이멜다 말이요?"

"응, 맞다! 마르코스하고 이멜다가 하와이로 토낀 다음에, 피플 파워를 등에 업고 대통령이 된, 코라손 아키노, 그 여자가 선정을 베풀어서 필리핀 사람들 형편이 좋아졌다는 소리 들어봤나? 그 뒤에 라모스. 그 다음에는 또 재직 중에 돈 받아 묵다가 대통령직에서 쫓기난 에스트라다. 또 그 다음에 글로리아 마가파갈 아로요 현 대통령. '대도大盜 마르코스' 다음으로 이런 대통령들이 줄줄이 나왔어도 그 나라 백성들은 만날 춥고, 배 고픈 이유가 뭔지 아나?"

"아따, 행님도. 내 코가 석잔데, 사시사철 덥고, 배고픈 그 먼 나라 사정을 내가 우찌 알겠소?"

나는 형의 컵에 술을 따르면서 필리핀이 더운 나라라는 것도 바로 잡아 주었다.

"내가 무슨 말을 하다가 필리핀으로 샜지……. 아! 맞다. 좌우지간 그 나라도 한 자리 해 묵는 것들은 전부 있는 집안들인기라! 우리 매추로 개천에서 용이 나 올 수가 없다. 아키노부터가 대 지주 집안 출신이고, 사돈의 팔촌에, 또 그 사돈의 팔촌까지, 대지주가 천지 빼까리라! 그런데 개혁을 해? 그랬다가는 먼데도 아이고, 막바로 저거 집 뒷마당에서 일가친척들이 쏘는 총에 먼저 맞아 죽을라꼬?

부자도 어느 수준이 딱 되믄 그 다음 부터는 지 마음대로 행동을 몬 하는기다."

"그 나라하고 우리는 사정이 틀리요."

"틀리기는 뭐가 틀리? 딱 짤라서 말 하께. 니가 억수로 부자다. 그래서 주변에도 말캉 갑부들 뿐이다. 그런데 니가 눈만 뜨면 마주치는 그 사람들한테 자청해서 왕따 당할 짓을 할 자신이 있나? 그라고 머리도 다 나쁜데?"

모처럼 마시는데 술 맛 떨어지는 소리만 하고 있을 수도 없어서 분위기를 바꾸려고 한마디 하다가 또 동티가 나버렸다.

"참! 그때 필리핀에서 오는 편지 번역도 해 주고, 행님꺼 대필도 해 준 크리스티나라는 그 캐디는, 인자 시집가서 잘 살고 있겠지요? 사진 보이까네 스페인 피가 섞이서 참 이쁘던데……."

"정백아! 우리가 지금 그런 말 할 때가? 다 지난 일인데, 다른 사람도 아닌 니가 와 이라노? 그라고, 필리핀은 캐디가 전부 남자들이다. 아가씨들은 '움부렐라 걸' 이라꼬, 라운딩 할 때 양산 받치 주고 졸졸 따라 댕긴다……. 그런데 니 참 이상하네? 와 그라노? 니가 어째서, 변소에서 머리끄댕이 잡고 싸우는 여자들하고 수준이 똑 같노?"

형수에게 들통이 나서 된 통 당했고 아직도 그 후유증에 시달리는 형의 언성이 높아지려고 할 때, 다행스럽게도 '조가네 감자탕' 집의 조박사께서 몸소 술과 안주를 오토바이에 싣고 오셨다. 또다시 그를 보는 순간 나는 속에서 울컥하고 올라오는 것이 있었고, 형도 한때 불장난을 했었던 '움부렐라 걸' 생각을 하는 지 묵묵히 술잔만 비우고 있었다. 우리 형제가 침묵 속의 대작을 이어 가고 있을 때, '대운하 결사 반대!' 라는 피켓과 촛불을 든 수많은 시위대들이 시청 광장 쪽으로 몰려 가고 있었다.

"쯧, 쯧, 쯧……. 저 어리석은 것들! 너거는 인자 다 죽었다. 저런 것들을 보고 '어설픈 용두질에 조 뿐다' 카는기라!"

돼지등뼈 빨아 먹느라고 입주위가 양념범벅이 된 형이, 시위대가 들었으면 같이 있던 나 까지 한두름에 엮여서 맞아 죽기 딱 좋은 소리를 했다. 그리고 평소에 알고 있던 형과는 전혀 다른 사람 같이 느껴져서, 나도 깜짝 놀랐다.

"죽기는 와 죽소? '에무 비' 는, 옛날 그놈들 매쿠로 백성들 함부로 쥑이지도 않하고, 또 그럴 힘도 없소. 행님 말 함부로 하지 마소. 대운하를 하믄 안 되는 기, 독일이 지끔 그노무 운하 때문에 골머리를 앓고 있는 거는 세상이 다 아는 거 아이요. 환경문제는 두벌제치 놓더라도, 얼마 안 있으믄 친목계에서도 우주여행을 간다는 소리가 나올 판인데 똑딱선에 짐 실어 나르자꼬 삽질하자는 기 말이나 되는 소리요? 그라고 또 그 공사 하면서 떡고물 처 묵고 징역갈 놈들은 얼마나 많겠소? 업자들한테 돈 받아 묵고 로렉스 차던 손목에 수갑 차는 꼬라지 보는 것도 인자는 엉성시러븐데 그것들이 처 묵는 거만큼 부실공사, 엉터리 공사가 되는 거는 불 보듯 뻔한 거 아이요? 대운하 파자꼬 하는 놈들은 조상 대대로 내려 온 땅을 몽땅 팔아서 사업자금 대달라꼬 저거 아부지를 조르고 졸라서 결국은 집안을 완전히 말아 묵던 놈들 하고 똑 같은 놈들이요!"

"정백아! 니하고 내하고는 피를 나눈 형제지만도 세상 보는 눈이 마이 틀리는 갑다. 사실은 내가 너거 형수 몰래 충주댐 근처에 땅을 좀 사놨다. 대출 받고 우찌우찌해서 대운하 지나 갈 길목에 아는 사람들 하고 투자를 좀 해놨다. 무슨 말인지 알겠제? 나는 지금 그 노무 땅에 묶인 돈도 돈이지마는, 작은 놈 야구를 시키자믄 야구 명문 중학교 근처로 이사를 가야 할 판이라 골치 아픈 일이 한 두개가 아이다. 너거 형수 성질에, 지하고 의논도 없이 은행 빚내서 충주 자갈밭에 돈 쳐박았다꼬 하믄 가마이 있겠나? 그라고 그 여편네는 한 분 한다믄 하고 마는 성질인데 야구 잘하는 학교 근처로 이사를 갈라 하믄 지금 살고 있는 집 팔고 또 대출을 받아야 그 부근에 작은 아파트라도 억지로 들어갈지 말지 한데 지 몰래 빚내서 엉뚱한데 쳐박았다는 거 들통이 나믄…… 아이고 골치 아프다 고마 하자. 내 형편이 지금 이렇다. 알겠나?"

그래서는 안 되는 줄 알면서도, 동생은 담배 값이 없어서 말아초를 피우는데 부동산 투기해 놓고 배부른 소리를 하는 것으로만 들렸다.

"행님 걱정도 팔자요. 넘들 다 하는 위장전입을 하믄 되지, 말라꼬 빚까지 얻어서 이사를 할라 하요? 지난 대선 때 어떤 후보가, 옛날에 자신도 위장전입 했던 사실을 인정하고 '잘못했심다. 제발 용서하이소!' 하고 지난 과오를 깊이 반성하는 모습을 보이니까네, 수많은 유권자들이 꼬투리를 안 잡고 그냥 넘어 갔는데, 동네 통장 선거에 나갈 사람도 아이면서 행님 같은 사람이 그까짓 위장전입 했다꼬 모양 빠질 일이 있겠소? 감자탕 묵으면서 감자 같은 이야기만 하이까네 목이 메이서 안 넘어 가요. 고마 일어 납시다."

쥐어 박힌 형수가 골방에서 잔뜩 벼르고 있을 터라 도다리도 물 건너갔고, 오늘 꼭 봐야 할 심야 TV 프로가 있어서 나는 엉덩이를 털고 자리에서 일어났다.

"앉아 있어 봐라! 이바구가 옆으로 새는 바람에, 진짜로 할 말을 몬 했다. 뭔고 하니, 저쪽 공단 방향으로 가다 가 보믄, 하루종일 차가 꽉 맥히는 사거리가 있는데, 거개서 장사하던 사람, 마누라가 단골손님하고 바람이 나서 도망가는 바람에 자리를 내 놨다. 그래서 내가 권리금을 좀 주고 그 자리를 샀다. 무슨 말인지 알겠나? 청소차 따라 댕길 각오도 했던 니가 그거 몬 하겠나? 아무 소리 말고 요번 주말 대목부터 새로운 마음으로 한번 살아 봐라. 박사도 배달통 들고 댕기는데, 학사가 몬 할끼 어데 있노? 안 그렀나? 믿을 놈을 믿어야지, 처음부터 싹이 노란 인간들 바라보고 허송세월을 더 하믄 진짜로 죽도 밥도 안 된다."

"……."

드디어 올 것이 왔지만 거기까지 내 몰리리라곤 상상도 못 한 것이어서 나는 말문이 꽉 막혔다.

"니 심정 잘 안다. 그렇지마는 우짜겠노? 니가 지끔 와서 공장에 들어가겠나. 공사판에를 가겠나……. 이런 말 안 할라꼬 했는데, 얼마 전에 둘째 놈이 실며시 옆에 와서 '아부지, 할배가 삼촌 이름을 참 잘 지었소' 하길래 '와?' 그라이께네 '정백이믄 정규직 백수의 준말 아이요' 해 가꼬 내한테 시껍했다. 내도 그 소리를 듣고 아! 이대로 놔뚜믄 안 되겠다 싶어서 일을 꾸민기라."

"……."

나는 '조박사'가 여분으로 가져 왔던 나무젓가락만 뚝뚝 분지르면서, 한사코 형의 시선을 피했다.

"그 장사 우습기 볼 끼 아이다! 박상(강냉이)이나 뻥튀기, 이런 기 마진이 무지하기 좋은 기라. 내가 아지매들한테 광어 한 마리 팔아 묵을라카믄 최소한 이 삼십 분을 씨부리야 되는데, 그거는 차 몰고 가던 놈이 돈부터 먼저 주민서 '오징어 빨리 주소', '뻥튀기 퍼뜩 주소' 하고 손님들이 더 애가 달아서 난리 아이더나? 어떤 때는, 뒤차가 빵빵거리는 바람에 박상 한 봉다리에 만원짜리 내고는 잔돈도 몬 받고 그대로 가는 기라! 영문꽈 나왔으이 잘 알겠네. 미국에서는 차에 탄 채로 햄버거도 사고, 뭐도 사는 그런 거를 '드라이브 인'이라꼬 한다민서…… 아무 소리 말고 내 시키는 대로 한번 해 봐라. 지끔은 충격이 크겠지마는, 지나고 보믄 그 장사가 제일 배짱이 편할 끼다."

2차, 3차를 가고 어디서 어떻게 헤어졌는지 모든 것이 가물거렸지만, 무조건 형의 말에 따르기로 약속한 것은 기억이 났다. 처음에는 '결국 이렇게 되고 말았구나!' 하는 자괴심과 걷잡을 수 없는 분노가 치밀어서 그대로 있으면 미쳐 버릴 것 같았다. 그렇다고 아무나 붙잡고 시비를 할 수도 없어서 '알았다. 짝째기, 고마해라!' 하고 일부러 매를 벌어서 코와 입술이 터졌지만, 길바닥 장사를 하려면 어차피 마스크로 가리고 나갈 얼굴이라서 후회는 없었다. 그러나 분명한 것은 종잡을 수 없는 형의 입심에 넘어 간 것도 아니고, 그 주먹이 무서워서 그런 것은 더더욱 아니었다.

그 이유는, 작년부터 대책 없이 늘어나는 뱃살 때문에 걱정을 많이 해 오고 있던 터에, 장근 십년을 실업자로 살면서도 '젊어 농땡이는, 늙어 보약!' 이라며 마냥 느긋하게 살다가, 운동부족으로 인해서 자살과 다름없는 돌연사를 한 대학 선배 때문에 그런 거였다.

PART I

지금 우리들은...

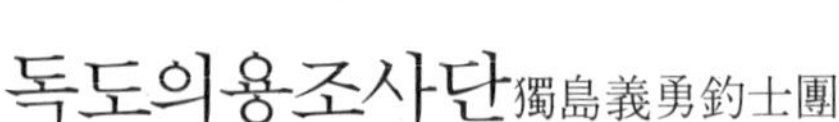

독도의용조사단獨島義勇釣士團 02

그들은 모른다. 임진왜란에서 참패한 이유는 새 한 마리를 잡아다 놓고 왈가왈부했었던 저희 우두머리들의 인간성이 폭로되는 바람에 그리 됐다는 것을. 아니, 잘 알면서도 애써 덮어두고 있는지도 모른다. 아마 그럴 것이다. 역사왜곡을 전문으로 하는 뻔뻔한 인간들이 수두룩한 섬나라니까!

인간성 얘기는 뭔고 하니, 생포한 적장을 직접 심문하시던 이순신 장군은, 겁에 질려서 파들파들 떨고 있는 작은 새 앞에서 "울지 않는 새는 죽여라!" 하고 제 키만 한 칼을 들었다 놨다 했다는 오다 노부나가와, "오야붕! 제발 참으소. 울지 않는 새는 살살 구슬려서 울도록 해 봅시다." 어쩌고 하면서 재롱을 떨었다는 도요토미 히데요시, "형님들, 저 놈이 울 때 까지 기다려 봅시다." 하고 마냥 늘어졌다는 도쿠가와 이에야스의 이야기를 들으시고 나서 모처럼 웃으셨다.

그러고 나서, 새를 잘 잡는 부하에게 울지 않는 꾀꼬리와 시도 때도 없이 지절거리는 놈을 잡아오라고 하시고, 두 마리의 새를 마주보게 하신 다음 이렇게 말씀하시었다. "울어라 새여!"

그 즉시 조선수군의 진중에서 아름다운 꾀꼬리의 합창이 울려 퍼졌다. 다음날 새벽, 새 소리 때문에 잠을 설친 장군께서는 행복에 겨워 죽고 못 사는 그놈들을 눈여겨보시다가 갑자기 "남해안에서 가장 시끄러운 물목을 찾아보라!"고 명하셨고, 드디어 밤낮으로 울어 물결치는 바다, 진도 앞의 울둘목에서 12척의 배로 133척의 왜군을 박살내는 해전 사상 전무후무한 명량대첩을 거두시었다.

오늘날 세계 각국의 군사평론가나 전략가들이 귀감으로 삼고 있는 그 전투에서 대패했던 진정한 속내를, 그때 1597년 9월 16일 울둘목에서 울부짖다가 속절없이 사라졌던 '돌아 오지 않는 무 산소 심해 다이버'들의 후손들이 결코 모를 리 없다. 그러나 그들의 역사책에는 새 한 마리 때문에 망했다는 이야기도 당연히 빠져있다.

그리고 그들이 빠트리고 있는 것은 또 있다. 걸핏하면, 미군에게 항복할 때 입은 채로 똥 오줌까지 쌌었던 누런 군복 꺼내 입고, 야스쿠니신사 앞에 모여서 북 치고 나팔 불어대는 패잔병 늙은 것들과 줄기차게 망언을 늘어놓는 정치꾼들이 있는 한, '히로시마'와 '나가사끼'의 비극은 과거가 아니라 현재 진행형이란 것을.

일말의 양심이라도 있다면, 저희들 죽기 전에 조선과 남경에서 학살했던 수많은 양민들의 원혼과, 아직도 피눈물을 흘리고 계시는 위안부 할머니들 앞에서 하다못해 손가락에 '아까징끼'라도 묻혀서 배 째는 시늉이라도 하고 용서를 구하는 것이 인간의 도리 아닌가?

그러나 그들의 새는 아직도 먹통이고, 우라질 우익들을 앞세워서 우리 땅을 또다시 넘보고 있다. 되돌릴 수도 없지만 왜곡을 해서도 결코 안 되는 것이 준엄한 역사의 법칙임을 모르는 무리들이 있는 한, 용서와 화해도 전범 히데요시의 유언시처럼 개꿈 속의 또 개꿈!

수많은 아시아의 인민들을 잡아먹은 인간 백정의 유령들이 노닥거리는 야스쿠니신사에 들락거릴 때 알아봤다. 한번 왜구면 영원한 왜구인가? 아! 아! 장군은 가셨어도 울어라 새여!

거북낚시점의 홍순철 사장은 착잡한 심정으로 먹을 갈고 있었다. 해풍과 소금기에 절어서 청춘을 보냈던 그의 두 눈에는 이슬마저 맺혀 있었다.

"하이고, 유서 쓰는 것도 아인데 청승도 억시기 떨어쌌네! 보기 싫다. 퍼뜩하고 치우소."

폐업 설거지를 거들고 있던 그의 아내는 쥐어 박힐 염려 없는 안전거리를 확보한 다음 통 크게 나오고 있었다.

"점포 정리, 반액 대매출 하고 간단히 쓰믄 될 꺼로, 앞 못 보는 봉사 뭐 하는 거 매추로 한 나절을 붙잡고 앉았네. 아이고, 내사 마 모르겠다! 서방 잘 만난 덕에 꼬부랑 할마이들도 다 가는 벚꽃놀이, 단풍놀이 한본 몬 가고 살았는데 요참에 진해 벚꽃놀이나 따라갈란다. 파마 하고 올꺼이까네 당신 알아서 하소. 내는 인자 이노므 낚싯대만 보믄 엉성시럽다."

"……."

예전 같았으면 '오냐! 내는 죽고 싶은 심정인데, 니는 대가리 뽁고 한번 들어 와 봐라. 빡빡 밀어 가꼬 묘심사 공양깐에 끌고 가서 밥보살로 만들어뿔끼다!' 하고 윽박지르고도 남았을 홍사장은 말없이 붓대롱만 만지작거리고 있었다.

낚시터의 황폐화, 어자원 고갈, 기름값 폭등 등등으로 낚시가게 운영이 갈수록 어렵던 판에 오진 불경기까지 덮쳐서 이제는 더 이상 버텨볼 재간이 없었다. 풍찬노숙이 생업이자 유일한 취미여서 좋은 시절을 새카맣게 타서 밖으로만, 밖으로만 나돌아 다녔으니 이제 남은 것이라곤 그동안 목청 큰 서방에게 쥐어 살았던 마누라에게 설움 받을 일 밖엔 없는 거였다.

"점방이 와 이리 썰렁하노?"

사람이 들어오는 것도 모르고 있던 홍사장은 이제 기력이 다 해서 낚싯대 대신에 지팡이를 벗 삼고 다니는 최명달 옹을 보고 자리에서 벌떡 일어났다.

"아이고! 어르신 우짠 일이십니꺼?"

미끄러운 갯바위도 평지처럼 헤집고 다녀서 별명이 갯강구였던 최옹의 구부정한 모습을 볼 때마다, 퇴역식도 없이 사라지는 노병의 뒷모습을 보는 것 같아서 여간 안쓰러운 것이 아니었다.

"힘들제? 내가 도움이 몬 돼서 미안하네!"

"아입니더. 이정도로 견딘 것만 해도 어르신 덕분이었심더. 안 그래도 점방 정리하고 나서 어르신 찾아 볼라꼬 했는데 잘 됐심더. 아까 보이까네 감포 할매집에 횟감 좋은 거 있던 데 자리를 그리로 옮깁시더."

서둘러서 일어나려는 홍사장을 최옹의 지팡이가 가로 막았다.

"어허! 와 이리 급하노? 쪼매 있으모 앙장구(성게의 경상도 사투리)하고 우리 막내가 간판 하나 만들어 올끼다, 만나보고 가도 안 늦다!"

"간판은 뭐 할라꼬요?"

"그런 기 있다."

홍사장이 커피를 타고 있을 때 최옹과 티격태격하며 같이 늙어 온 양정구 옹이 들어왔다.

"앙장구 왔나?"

오랜 친구를 보는 최옹은 누런 이빨을 드러내며 환하게 웃었다.

"이놈아, 낼 모레 증손자 볼 사람한테 앙장구가 뭐꼬? "

짧게 깎고, 서리가 하얗게 내렸지만 성게의 억센 가시만큼이나 빳빳하게 뻗친 모발과 얼굴을 덮고 있는 수염은 하고 많은 이름 중에서 양정구로 작명했던 옛사람의 선견지명이 그대로 나타나는 모습이었다.

"홍사장 이리 좀 와 봐라."

마누라가 설탕을 어디에 치웠는지 몰라서 허둥거리는 홍사장을 최옹이 착 가라앉은 음성으로 불렀다.

"다른 기 아이고, 내가 엊저녁에 양영감한테 전화해서, 이 낚시방에 대해서 의논을 좀 했다. 인자 우리는 낚싯대 잡을 힘도 다 빠져 가지마는 동네에 하나 배끼 없는 낚시방을 이대로 문 닫게 할 수는 없다. 미약하지마는 우리가 앞장서서 유명무실한 임원진을 새로 개

편하고 다시 시작해보자는 말이 나왔네. 평생을 물가에서 살다시피 했는데 옛날 매쿠로 낚시는 자주 몬 간다 하더라도 낚시방에서 놀아야지, 말 안 통하는 갱로당 영감들하고 해를 저물릴 수는 없는기라……. 나머지는 앙장구 니가 해라!"

최옹이 싱긋이 웃으며 바톤을 양옹에게 넘겼다.

"이기, 또 앙장구라 칸다. 내가 니 보고 갯강구라 카믄 좋나? 저거 보기 싫어서 안 올낀데 홍사장하고는 그럴 처지가 아이라서 오늘도 내가 참는다. 봐라 홍사장, 이바구가 우찌 돌아갔는고 하믄, 우리가 백만 원 씩 해서 이백을 협찬하고, 기존 임원들이나 새로 임명되는 사람들도 얼마씩 보태서 민물낚시 시조회 하는 식으로 요번에 행사를 한번 크게 하기로 했다. 죽기 전에는 그놈 호주무이에서 공돈 나오는 꼴은 못 보지 싶었던 노두환이도 찬성을 했으이까네 일은 다 된 기라. 좀 있다가 회원들 다 모이믄 서로 의논을 해서 일을 잘 추진해 보라꼬. 요번에는 무조건 우리 말을 들어라 알겠제?"

묵묵히 듣고 있던 홍사장의 눈에는 아까와는 또 다른 의미의 눈물이 맺히고 있었다. 설탕을 못 찾아서 다방에서 배달시킨 커피가 채 식기도 전에 그동안 뜸했던 시커먼 얼굴들이 하나둘씩 나타났고, 낚시방은 어느새 세월 좋던 시절의 출조 전야처럼 들썩거리기 시작했다.

감포할매집의 싱싱한 회와 슈퍼에서 술이 상자 째로 배달되고 낚시꾼들이 모처럼 한자리에 모였으니, 재수생 아들을 둔 삼층의 아줌마가 기겁을 하고 달려 올 정도로 시끌벅적했다.

술잔이 어느 정도 돌고 난 뒤 허풍으로 일관했던 평소와는 달리, 모두 우국지사가 되어 독도 사수에 열을 올리고 있었다.

"일본은 절대로 우리하고 전쟁 몬 한다. 생각해봐라, 전쟁이 나믄 70만이 넘는 재일교포들이 가만히 있겠나? 그 한 많은 사람들이 전국적으로 게릴라전을 벌이면 일본은 게임이 안된다. 비불외곡臂不外曲이라! 피는 물 보다 진하다꼬! 그라고 또, 중일전쟁 때 장개석이 국민당하고 모택동이 공산당하고 2차 '국공합작' 에서 '항일 민족 통일 전선 결성 협정' 을 맺은 거 매쿠로, 만약에 일본이 도발을 하믄 이북 대포동 미사일이 가만히 있을 택이 없다. 안 그렇나?"

다혈질인 백상길이 자작으로 연거푸 소주를 따라 마시며 언성을 높였다.

"독도가 탐이 나면 가 가라 해! 그 대신에 조껀이 있다. 지끔 일본 황세자의 무남독녀 외동딸은 반드시 조선 남자한테 시집보낸다는 보장만 하믄 지끔 당장이라도 독도 준다꼬 해. 그리되믄 우찌되노? 여자도 왕위를 계승할 수 있도록 법을 개정 할 모양이던데, 그라믄 미래의 '텐노헤이까' 는 조선의 피가 흐른단 말이다. 무슨 말인지 알겠나? 구한말에 조선 왕자가 일본 왕족하고 혼인한 전례도 있으이까네 안 될 꺼도 없는 기라. 안 그렀나? 동해에 가스가 매장 돼 있는 거는 이미 확인이 됐고, 혹시 독도 부근에 엄청난 해저 유전이 있어서 글마들이 그리 탐을 내는 거 아이가? 내 생각이 맞지 싶다."

술자리에서 항상 먼저 마시고 먼저 취하는 박옥동의 주정도 여전했다.

"요새 젊은 사람들이 무대뽀니 무대뽀 정신이라는 말을 자주

하는데, 무대포는 아무데나 무작정 쏘아대는 눈 먼 대포, 또는 철포 즉 무기도 없이 싸우러 가는 무모한 놈이라는 일본말이래요. 그리고 일본에도 좋은 사람들 많아요. 인간은 다 같은데 그 사람들이라고 평화를 원하지 않겠어요? 잘못된 생각을 하는 몇몇이 문제지요. 낚시터나 관광지에서 마주치는 일본인들 얼마나 예의 바르고 친절합니까?"

누구를 따라 온 것 같은 처음 보는 서울내기도 묵묵히 앉아서 안주만 축내는 것이 눈치가 보였던지 한마디 거들었다.

"읽은 지 하도 오래 돼서 책 제목도 이잣지마는, 일본이 중일전쟁 일으키기 십년 전 쯤에 이미 중국대륙 곳곳에 스파이들을 심어 놓고 정보를 수집하고 있은 기라. 내가 읽은 책을 쓴 놈은 티베트 지역 담당으로, 그 지방 사람들하고 '행님!', '동생!' 하고 어불려 살면서 뒤로는 간첩활동을 한 기라. 내가 그거 보고 앞발 뒷발 다 들었다. 그 놈들이 얼마나 주도면밀하고 치밀한 종자들인지 소름이 돋더라꼬. 하이튼 몬 된 짓 하는 거는 그것들 따라 갈 나라가 없을끼다. 말이야 바른 말이지마는 9.11 비행기 박치기 자살 테러도 '가미까제 도꼬타이' 뽄 딴거 아이가? 안 그렇나? 그래도 오사마 빈라덴은 야스쿠니신사 같은 거 만들어서 그 테러범들을 공개적으로 영웅대접을 안 하는 거만 봐도, 그것들 보다는 훨씬 괜찮은 사람이라! 긴 말 할 꺼 없이, 제일 악질적이고 반인륜적인 자살테러는 메이드 인 제팬, 일본이 종주국인기라!"

책방주인 오갑석이도 시간 때우느라고 뒤적거렸던 책 덕분에 큰 소리를 내고 있었다.

"왜놈들은 물론이고 요새 친일파들도 이구동성으로, 식민지 시절에 철도나 도로를 놔줘서 우리나라가 빨리 발전을 했다꼬 개소리를 하는데, 그런 인간들은 뇌구조가 우찌 생기 묵었는지 한번 까 재끼 볼일 이라. 그거는, 아무것도 모르는 처녀를 강제로 보리밭으로 끌고 가서 지 욕심 채운 놈이, 세월이 흐른 뒤에 우연히 만난 그 처자를 붙잡고 '내가 그때 길을 잘 내 주서 니가 지끔 그 좋은 거를 밤마다 즐기면서 안 사나. 그 당시에는 니가 아무꺼도 몰라서 울고 불고 난리를 쳤지마는 인자 생각하이까네 내가 억수로 고맙제?' 하고 입맛을 새로 다시는 개새끼하고 다를 끼 어데 있노?"

걸핏하면 옛날에 보리밭에서 무르팍 께나 까졌었다는 것을 자랑 하는 과부 킬러 조진철이도 저 같은 소리를 남의 말 하듯 하고 있었다.

"어른들도 있는데 씰데 없는 소리 하고 있다. 치아라……. 내가 저승을 가 봐서 하는 소리지만도 저승에는 진짜로 일본이 없다. 무슨 말인고 하믄, 저승 주민으로 등록을 할 때 이름을 한문으로 쓰믄 무조건 중국송장으로 취급 하는 기라. 지가 아무리 '내는 동경출신 아소麻生요', '나도 일본 사람 고이즈미小泉요' 하고 버텨봤자 이름이 한문이라서 씨가 안 묵히는기라! 이거는 절대로 거짓말이 아이다. 내가 염라대왕한테서 귀가조치 받기 전날, 이승에 있을 때 자주 갔던 일식집 주방장 이시하라石原라는 놈을 만났는데, '어이! 이시하라, 니 언제 왔더노?' 하고 반가워하이까네 글마가, '이시하라 메이여우, 워 중궈런 쉬유안石原—이시하라는 없어. 나는 중국사람 쉬유안이야!' 하민서 눈물을 쭈루룩 쏟더라꼬. 집 없는 설움은 한 순간이지마는 제대로 된 문자가 없는 나라 백성들은 저승에 가서도 억수로 서럽다꼬. 그라이께네 일본은 다른 거 다 제껴 놓고 한문 안 들어가는 나랏말부터 새로 만들어야 된다꼬. 저거는 골백번 죽었다 깨어나도 우리 '한겨레신문' 같은 거는 몬 찍는다 아이가. 그래서 내는 한글날을 공휴일로 원상 복구해야 된다는 주장을 계속 해 오는 기라! 내가 공휴일에 낚시 한번 더 갈라꼬 하는 소리가 아이란 말이다. 알겠나? 내말이 거짓말인가 너거도 나중에 저승에 가 봐라. 죽어봐야 저승을 안다!"

몇 년 전 거제도 서이말에서 낚시하다가 너울파도에 휩쓸려서 다 죽었다가 일주일 만에 의식을 회복한 왕대포, 허대수의 허풍도 때를 만났다. 그때 최옹의 아들이 가게로 들어와서 부친을 찾았다.

"아버님, 말씀하신대로 만들어서 이 앞에 세워 놨십더."

"그래, 욕 봤다. 니도 한 잔 할래?"

적당히 취기가 오른 최옹은 아들을 보며 흐뭇한 미소를 짓고 있었다.

"어데에, 차 갖고 왔다 아입니꺼. 나중에 다시 모시러 올랍니더!"

최옹의 아들은 동네 어른들에게 일일이 인사를 하고 나갔다. 그 뒤부터 거짓말처럼 거북낚시점의 전화는 쉴 틈이 없이 울어댔다. 그것도 모두 출조 예약을 하는 전화라서 홍사장은 제 정신이 아니었다. 또다시 걸려온 전화를 받으면서 입이 찢어지던 홍사장은 머리에 비닐커버를 하고 들어오다가 제 집이 아닌가 싶어서 멈칫하는 아내를 보고 호통을 쳤다.

"니는 뭐 하고 댕기는 사람이고? 퍼뜩 빈 접시들 치우고 시원한 국물 좀 만들어봐라. 때가 어느 땐데 벚꽃놀이 간다꼬 비니루 봉다리는 덮어쓰고 있노? 퍼뜩 안하고 뭐하노?"

모두가 벌겋게 취해서 웃고 떠드는 모습을 보고 뭐가 뭔지는 몰라도 일이 잘 돼 간다고 느낀 홍사장의 아내는 주방으로 가면서 "그라믄 그렇지, 내 팔자가 어데 가노?"하고 고시랑거렸다. 그리고 밖에서는 최옹의 아들이 만들어 왔던 입간판에 반짝 하고 불이 들어왔다. 어른 키만한 그 간판에는 '독도 의용 조사단 모집!' 이라는 글씨가 멋지게 쓰여 있었고, 낚시방이 비좁아서 못 들어가고 그 앞에서 웅성거리는 사람들도 무척 많았다.

PART I

지금 우리들은...

가가가가가家價苛加街 03

옛 시인 한분이, '태산이 높다하되, 하늘 아래 뫼이로다. 오르고 또 오르면, 못 오를 리 없건마는, 사람이 제 아니 오르고, 뫼만 높다 하더라!'는 좋은 시조를 지으셨지만, 그 어르신께서도 지금의 아파트 분양가 때문에 좌절한 서민들 앞에서는 입이 열 개라도 할 말이 없어서, 당장 부활 시켜드린다고 팔을 잡아당겨도 한사코 마다하고 돌아누울 것이 분명하다. 나가봤자, 태산보다 더 오르기 힘든 아파트 때문에 악에 받친 사람들에게서 본전도 못 뽑고 두벌주검 당할 것이 뻔한데, 무슨 호강을 하겠다고 돈 놓고 돈 먹는 야바위판 행차를 하시겠는가 말이다.

세밑을 코앞에 둔 한강시민공원에는, 투기꾼들이나 악덕사채업자들의 체온(?)만큼이나 차갑고 매서운 칼바람이 몰아치고 있었다. 따뜻한 곳에서 겨우내 눌러 있다가 갈 요량으로 날아 온 철새들은 물위에 둥둥 떠서 마냥 배불러 하고 있어도, 제 입맛대로 대를 펼쳐놓은 꾼들은 박 타기 전의 흥부네 식구들 같이 옹망추니 한 모습으로 앉아 있었다.

잉어나 뱀장어를 노리는 꾼들의 릴대가 어지럽게 꽂혀 있는 사이에서 유일하게 대낚시를 하고 있던 안영수 씨는, 2칸 대와 2칸 반 대의 손잡이를 뒷 받침대에 단단히 고정시키고 자리에서 일어났다. 철이 철이니만큼 대낚시에 걸려 나올 철모르는 고기도 없었지만, 마누라 얼굴 보는 것이 사채업자가 보낸 똘마니들과 맞닥트리는 것보다 더 끔찍해서 물가로 나온 사람에겐 월척 할애비가 온다 해도 반가울 리 없었다. 증권에 맛 들였다가 골병 든 뒤로 밥장사, 빵장사, 나중에는 실내포장마차까지 해봤지만 날라 간 것은 두툼했던 퇴직금과 어렵게, 어렵게 장만했었던 자신들의 보금자리 중형 아파트요, 남은 것이라곤 서울 외곽의 연립주택 반지하 전세 보증금뿐이었다. 그것도 다음 달엔 보증금을 턱 없이 올려 달라고 하니, 휴학을 하고 입대한 아들의 컴퓨터만 보면 자살사이트에 들어가서 길동무 찾고 싶은 생각이 굴뚝같았다.

연년생인 두 아들이 군대에 간 덕분에 이런저런 걱정은 많이 덜었지만, 전업주부에서 삼겹살 집 홀서빙 아줌마로 전락한 마누라의 바가지는 도를 넘어서 학대에 다름 아니었다. 떳다방으로 재미 보는 옛 직장 동료가 가끔씩 아파트 분양사무실 앞에서 밤샘하는 일거리를 주는 바람에 길바닥에서 담배꽁초 줍는 신세는 간신히 면하고 있었다. 그러나, 그렇게 밤샘을 하고 들어오는 꼴만 보면, 진통이 올 때마다 그렇게 만든(?) 제 서방을 저주하는 임산부들 보다 더 심한 욕설과 함께 이제는 손찌검까지 하니 어디 가서 하소연 할 데도 없었다.

한강둔치의 간이화장실에서 볼일을 보고 식수대로 물 마시러 가던 안씨는, 그곳에서 코펠 설거지를 하고 있는 사내가 무척 낯이 익어서 고개를 갸우뚱거렸다. 익숙한 솜씨로 많은 식기들을 닦고 있는 그 사내는 분명히 아는 사람이었다. 설거지를 끝낸 그는 또다시 검은 비닐봉지에서 속옷 뭉치를 꺼내서 열심히 비누칠을 하고 있었다. 누구보다도 성실했고 생활력이 강했던 고향후배가, 입동도 한참 지난 이 시절의 한강둔치에서 울긋불긋한 여자 속옷까지 비벼대고 있는 민망한 모습을 보고, 그는 아는 척 하는 것이 옳은지 그른지를 몰라서 한참을 궁싯거렸다. 그때 양동이에 물을 받으려고 일어서던 후배가 무심결에 뒤를 돌아보다가 "어? 어? 이기 누고? 영수 행님이 여게 우짠 일이요?" 하고 반색을 했다.

후배가 손을 잡아 끄는대로 주차장 한곳에 세워 놨던 그의 승합차로 오자마자 술판부터 벌어졌다. 그동안의 안부 몇 마디 나누고 곧장 차에 있던 소주로 주거니 받거니 하다가, 겁 없이 마셔대는 후배가 걱정이 돼서 그때까지 잘 넘어가던 소주가 갑자기 목젖에 걸렸다.

"니, 이런 식으로 마시고 집에는 우찌 갈끼고? 너거 집 사람도 운전하나?"

"행님! 걱정도 팔짜요. 조선천지가 전부 내 땅이고, 내 발길 머무는 데가 바로 내 집인데 무슨 걱정이요. 팔 아푸요, 퍼뜩 잔이나 받으소!"

허풍을 안주 삼고, 엄지와 중지로 소주잔을 가볍게 쥐고 입으로 가져가는 팔의 각도 하며, 주색잡기하곤 거리가 멀었던 옛날의 그 후배가 아니었다. 그때 저만치서 롤러스케이트를 타고 제 또래들과 놀고 있던 사내아이가 조수석 문을 열고 들어왔다.

"아부지! 만화영화 할 때 됐다. 테레비 틀어 도."

"오야! 배는 안죽 안 고프제? 라면 같은 거 많이 묵으면 안 좋으이까네, 저녁에 엄마 오믄 맛있는 거 해 달라 하자?"

후배가 조수석 앞의 손바닥만한 TV를 만지작거릴 때 12인승 승합차 내부를 자세히 살펴보니, 서너 식구 먹고 자는 데는 큰 불편 없어 보일 정도로 꼼꼼하게 손을 봐 놓았다. 그때까지는 반가운 마음이 앞서서 아무것도 몰랐는데, 캠핑카처럼 꾸며져 있는 것을 보고 뒤늦게 그의 가슴이 덜컥 내려앉았다.

"행님! 내가 아까 수돗가에서 마누라 속옷 주무를 때 눈치 챘겠지만도, 솔직히 내 이 모양으로 살고 있소. 허허허……. 옛날 같았으면 다리 밑으로 기어들어 갔을낀데, 좋은 세상 덕분에 요새 걸뱅이는 이런 캠핑카에서 산다 아이요! 허허허……. 그라고 또 여게가 좋은 거는 전철 2호선 당산역이 가까워서 출 퇴근하기도 좋소! 헤헤헤……."

"……."

안씨는 술술 내려가던 소주도 목젖에 걸려 있는데, 후배의 젖어 가는 눈을 보곤 속에서도 뭉클한 것이 올라와서 입을 열 수가 없었다.

"행님! 미안하요. 후우우……. 두어 달 살아 보이까네 이 장소가 바로 내 한테는 해방구라요. 이런 표현이 맞을랑가는 몰라도, 백척간두진일보百尺竿頭進一步라꼬, 낭떠러지에서 한 발 더 내 디뎌 보이까네, 꼬라지는 비록 납작해졌어도 마음만은 억수로 편하요! 허허……."

억지웃음에, '해방구' 니 '백척간두' 어쩌고 하는 걸로 미루어 봐서, 가족들과 함께 한강에 뛰어들 험한 생각도 한 두 번 한 것이 아닌 것 같았다. 두 눈을 꼭 감고 입술을 지그시 깨물고 있던 안씨는, 갑자기 술잔 대신에 후배의 멱살을 거머쥐었다.

"니가 와 걸뱅이고? 진짜들은 바로 저 앞에 있다! 저 건너 방송국 뒤로 보이는 저 바닥이 바로 그것들 소굴이다. 선거철만 되믄 산동네로 시장바닥으로 찜질방으로 안 돌아댕기는 데가 없이 헤집고 댕기면서 '한 표 주소!', '한 표 주소!' 하고 코가 땅에 닿도록 굽신거리는 그것들이 막바로 걸뱅이고 거러지고 동냥아치들인기라! 사람들이 안 해서 그렇지, 그것들 매추로 안면에 철판 깔고 아무나 붙잡고 '한푼만 주소, 한푼만 주소!' 하고 반나절만 악착같이 비럭질하고 댕기면, 한 달로 치면 어지간한 월급쟁이 보다 수입이 더 나을끼라……. 그라고 거러지 근성이란 것이, 일단 얻어 묵고 나면 볕 잘 드는데 찾아 가서 이나 잡고 자빠졌다가, 초상집에는 또 제일 먼저 쫓아 간단 말이다. 요새도 초상집에서 제일 먼저 눈에 띄는 물건이, 그것들 이름 큼직하기 써 놓은 조화 아이가? 선거 때 로고송인지 지랄인지 하는 그거는 각설이타령 여의도 버전인기라, 여의도 버전……. 지금 국회에 나자빠져 있는 시급한 민생법안이 3000건 가까이 되고, 개도 안 묵는 이 소주병 하나에도 공장출고 가격을 정확히 밝혀 놨는데 수억, 수십억씩 하는 아파트 분양원가를 '밝혀라!', '몬 한다!' 하고 짜고 치는 고스돕이나 하다가……. 어데서 사람들 많이 모인다 하면 만사 제쳐놓고 선착순으로 낯판대기 들이밀고, 돈 뜯어 가는 그것들이 진짜 거러지들이란 말이다. 알겠나? '털어서 먼지 안 나는 사람 어데있노?' 하고 뻔뻔스레 나오면 '와, 없노? 있다!' 캐라. 국세청에서 몇 년을 들고 파도, 통장에 꼴랑 이십 구만 천 원빼기 없는 인물이 바로, 털어서 먼지 안 나는 인간인기라. 그라이께네 택도 없는 소리는 하지도 말아라 캐라. 면책특권 하나 믿고 개떵나발 같은 주딩이로 나오는대로 함부로 씨부리고, 툭 하면 치고, 박고, 주무르고(?) 해도 별 탈이 없는 그것들 소굴인 저게가 바로 해방구지 대한민국에 다른 해방구는 없어! 그런데 니 같이 무능한 가장이 무슨 자격으로 감히 해방구를 들먹이노? 니가 금빼지가? 국민들은 다 죽겠다꼬 난린데 요번에도 저거들 수입은 더 챙기는 거만 봐도, 다리 밑에 불이 나면 만사 제끼 놓고 지 밥그릇, 찌그러진 깡통만 달랑 들고 나오는 걸뱅이들하고 뭐가 다르더노? 그런데, 이 세상 누구 보다 더 성실하고 열심히 살아왔던 니가 와 걸뱅이고? 으이? 니가 와 걸뱅인가 말이다!"

낚시 짐을 챙기려고 자리로 돌아가는 안씨는, 방금 후배와 헤어질 때 무슨 말을 했었는지 도무지 생각이 나지 않았다. 만화영화 보느라고 정신이 없는 꼬마에게 천 원 짜리 한 장 쥐어 준 것 외엔,

家價苛加街

모든 것이 까마득한 옛날에 있었던 일 같이 가물거렸다. 그때까지 앉은 채로 졸거나, 서넛이 모여서 동전치기를 하며 시간을 보내던 꾼들이 분주하게 움직이는 걸로 봐서, 서해바다 만조가 절정인 모양이었다. 그곳의 물때 영향을 많이 받는 한강 낚시터 곳곳에서 뜰채 찾는 소리가 들려오고, 안씨 옆자리 조사의 벌겋게 녹이 쓴 방울도 잔뜩 목이 잠긴 소리로 울어대고 있었다. 뜰채로 2자가 넘는 잉어를 떠 주고, 짐을 꾸려서 전철역으로 향하는 그의 두 눈은 도살된 짐승처럼 초점마저 없었다.

말년엔 비바람 막아 줄 오두막 한 칸도 없어서 일엽편주에 가재도구 담아 싣고 물결 따라 떠돌다가, 이승에서의 마지막 순간도 흔들리는 조각배 속에서 맞이하셨던, 무주택자들의 원조元祖이자 시성詩聖이신 두보杜甫 선생이 저 꼴을 보셨다면, 이런 말씀 한마디는 하셨을런지도 모른다는 실없는 생각을 하면서 터벅터벅 걷고 있었다.

家, 價, 苛, 加, 街.

집값이 혹독하게 올라서, 거리로 나 앉았네.

PART I

지금 우리들은...

국난산하재國難山河在 04

"아! 저 가게가 아직도 있네? 여름이면 산더미처럼 쌓아 놓고 팔던 수박이 정말 꿀맛이었지!"

충주호의 청풍교 부근에 이르러서야 비로소 송부장은 말문을 열었다.

"제 작년에는 그놈의 수박 때문에 제가 물귀신이 될 뻔 했잖아요. 부장님이 43센치짜리 붕어한데 걸려서 이리저리 끌려 다닐 때, 저는 뜰채 들고 설치다가, 살림망 옆에 담가 놨던 수박을 밟고 미끄러지면서 물속에 거꾸로 처 박혔잖아요."

명철은 그때 일만 생각하면 스풀을 젖히지 않은 릴 낚싯대를 힘껏 휘둘렀다가, '딱!' 하고 줄 터지는 소리와 함께 구경꾼들의 웃음소리를 동시에 들었을 때처럼 얼굴이 화끈거렸다. 허우적거릴수록 발밑은 허전해지던 급경사에서 영사막같이 뿌연 곳에 제가 만들어 내는 기포만 보이고 가까스로 숨통이 조금 트였다 싶으면 이내 더 깊은 곳으로 가라앉기 바빠서, 찍 소리도 못하고 죽는 것이 바로 이런 것이구나 하는 생각밖에 없었다.

"허허허……. 그랬었지! 엉덩이를 쭉 빼고 버티는데도 케블러 네칸 대가, 손잡이 바로 앞에까지 빠짝 꺾여서 요지부동이길레 그때는 초대형 잉어가 걸린 줄 알았었지. 발판이 나빠서 여차하면 나도 수중고혼이 될 판인데 도와주기는커녕, 물에 빠져서 보였다, 안 보였다 하고 있으니 정말로 기가 막히더군."

"헤헤……. 그때 밥집 털보가 백숙을 가지고 오다가 봤기에 망정이지, 안 그랬으면 부장님은 제 영정 앞에서 얼굴도 못 들고 밤샘꾼들 고스톱 밑천이나 대 주면서, 영안실 밖으로만 빙빙 돌았을 것 아닙니까?"

"말이야 바른 말이지만, 내가 파로호 전성기 때는 석 자가 넘는 잉어들도 숱하게 잡아봤지만, 그때 그 붕어같이 애를 먹인 놈은 없었어. 그건 붕어 탈을 쓴 돌돔이었다니까 돌돔."

몇 년 전 여름에 대천으로 보구치 낚시를 갔을 때, 혼자서만 보구치 구경도 못하고 딱 한 마리 잡았던 노래미 새끼를 놓어라고 우기던 송부장의 모습이 어제 일처럼 선명하게 떠올라서 명철은 차를 길옆에 세우고 핸들에 얼굴을 묻었다.

"이사람, 갑자기 왜 이래?"

"……대천 앞바다 놓어 생각이 나서요. 킥킥……."

"흐흐……. 그때는 내가 뱃멀미 때문에 잠시 착각을 했었지. 흐흐흐……. 내가 바다에는 조금 약하지만, 댐 낚시만큼은 내 앞에

설 사람이 없어. 소양강은 있어도 소양댐은 없던 시절에 파로호에서 잉어낚시 하고 집에 오면 팔목하고 어깨가 아파서 어탁 뜰 정신이 없었다니까! 자네가 봤던 78센치짜리 잉어 어탁도 나중에 거실이 너무 허전해서 장난삼아 하나 찍어서 걸어 놨던 거야."

명철은 송부장 가슴속의 빗장도 시나브로 풀려가고, 덩달아서 자신도 잠시나마 모든 것을 잊고 웃을 수 있는 것이 한없이 고마웠다.

"이 사람, 계속 웃을 거야? 그래 좋아. 일 미터가 넘는 잉어들은 기록이 없어서 할 말은 없는데, 해안초소에 도시락 싸들고 출퇴근했었다는 방위출신이, 물속에서 그렇게 맥을 못 쓰면 대한민국 국토방위에 허점이 있는 것 아냐?"

"그건 부장님이 모르시는 말씀입니다. 해군이나 해병대보다 훨씬 더 막강한 우리 '해변대'가 있었기 때문에 저쪽 아이들이 꼼짝을 못한 겁니다. 탁본 뜨이다가 도망 나온 놈들처럼 새카맣고, 발각되면 죽기 살기로 발악하는 이북의 최정예, 대남공작팀들하고만 상대하는 부대가 바로 우리 해변대란 말입니다. 전폭기나 군함 탱크 같은 것에는 눈도 깜짝 안하는 놈들이 우리 막강 '해변대' 앞에서는 숨도 제대로 못 쉬고 설설 긴다니까요. 그리고 호랑이는 원래가 수중전을 하지 않습니다."

명철은 다시 출발을 하면서 양쪽 창문을 완전히 내리고 맑은 공기를 흠뻑 들여 마셨다.

"옳거니! 그래서 그런지, 물이라면 민물, 짠물 가리지 않고 호랑이무늬같이 얼룩덜룩한 비치가운 걸치고 왔다리갔다리하는 친구들이, 어두컴컴한 곳에서는 죄다 수캐가 된다더군. 새겨듣게. 호랑이가 수중전에선 젬병인 것 하고는 차원이 틀리지만, 군자하고 물침대도 상극일세."

보자마자 '죽고 싶다' 던 사람답지 않게 송부장은 완전히 옛 모습을 되찾아 가고 있었다.

"지금 군자라고 하셨습니까?"

"그런 것 같네!"

"그러면 이상하네요."

"이 사람이 또 무슨 말을 하려고 이래?"

"6, 70년대에 밤낚시 하면서, 커피 팔러 다니는 아줌마들과 잠시 잠깐 풋사랑도 많았었다는 경기도의 어느 저수지에 가면, 배스보고 농어라고 우기는 아이들이 더러 있다던데요. 혹시?"

"예끼, 이사람!"

지방대학 출신이라고 은근히 괄시를 받던 그를 감싸주고, 낚시터에서도 허물없는 친구처럼 대해주던 송부장의 옛 모습이 떠오르자 명철은 입을 꼭 다물고 운전만 하고 있었다. 국파산하재國破山河在라, 나라는 망하고 백성들은 뿔뿔이 흩어졌어도, 오직 산과 강은 그대로라더니, 국파에 버금가는 국난國難에, 서민들의 가정은 풍비박산이 났어도 산천은 여전히 푸르고 건강하구먼……' 명철이 말이 없자, 송부장도 차창 밖으로 눈길을 주면서 혼잣말처럼 중얼거렸다.

하천리 가는 길은 물길 따라 이리 저리 구불거렸지만, 명철에게는 한 이불을 덮고 살았던 사람의 체취만큼이나 익숙한 길이었다.

서민들의 가정은
풍비박산 났어도
산천은 여전히
푸르고 건강하구만 ...

그러나 오늘 왔다가 가면, 언제 또 다시 온다는 기약이 없어서 아는 길도 물어 가듯이 주변을 눈여겨보면서 천천히 가고 있었다.

불현듯, 이제는 가고 없는 그 여자의 얼굴이 떠올랐다. 어중간한 나이에 회사에서 밀려났고, 철구조물 제작소를 하다가 부도를 낸 동생의 연대보증을 선 탓에, 퇴직금과 아파트도 빚쟁이들에게 비워주고 허름한 변두리 여관으로 옮긴 지 얼마 안 되어서, 두 아이의 엄마였던 그녀는 쪽지 하나 남기지 않고 어디론가 가버렸다.

본디 남남이었으니 굳이 이해하자고 들면 못할 것도 없었지만, 아무리 생각해봐도 인간이 아니면 그런 짓을 할 짐승도 없으니 어디 가서 물어 볼 데도 없었다. 밤낮으로 엄마를 찾는 어린것들을 보면서 어설프게 미쳐 가던 그의 소식을 전해들은 사촌형이 없었으면 지금쯤은 어떤 결말이 났을지 짐작하기가 어려웠다.

참치독항선 선장으로 그때 마침 일 년 만에 부산으로 귀항했던 형은, 어려서부터 구질구질한 것은 못 보는 성미였다. 한낮에도 볕이 안 드는 여인숙 골방에서, 아이들이 먹다 남긴 빵부스러기와 빈 소주병들 속에서 뒹굴고 있는 명철의 뺨부터 후려갈긴 그는, 무조건 배를 타라고 했다. 이럴 때는 되도록 멀리 떨어져서 상처를 치료해야, 나중에 덧나지 않는다는 것이었다.

그리고 아이들 때문에 한번 나가면 일 년도 좋고, 이 년도 좋은 남양이나 인도양과는 달리, 한 항차의 조업기간이 짧은 북양 트롤선을 알아봐 준다고 했다. '차라리 같이 죽겠다' 며 말도 안 되는 소리를 하는 명철을 다그쳐서 수녀님들이 봉사하는 보육원에 어린 남매를 맡기고 돌아오던 날 저녁에는, 엉망진창으로 취해서 오히려 명철의 부축을 받아야했던 형이 오늘 아침에 여인숙으로 전화를 걸어왔다.

"니, 퍼뜩 내리 온나. 저번에 서류 해 가꼬 내려 왔을 때 인사했던 김선장이 내일 모레 출항한다꼬 연락이 왔다. 요번에 나가믄 한 육 개월 정도 걸릴끼다. 배에서 필요한 물건들은 다 준비해놨으니까네, 입은 채로 몸만 오믄 된다. 내는 내일 오후 세시에 또 출항을 하이까네, 못 보고 가는 대신에, 너거 형수가 이거 저거 챙기 줄끼다. 내일 모레 열시까지 충무동 일자섬 방파제에 정박해 있는 태동 3호로 올라가라. 자갈치나 충무동에서 아무 통선이나 잡아 타믄 데리다 준다. 그라고 다른 배들도 다 마찬가지지마는, 트롤선 갑판부도 별다른 기술이 필요 없고 순전히 몸으로 때우는 일이라서 틈만 나믄 자는 기 장땡이다. 일이 아무리 되다 해도, 잘 묵고 잘 자믄 견딜 수 있다. 불쌍한 얼라들 생각해서 우짜든동 마음 단디 묵고 몸 조심해라. 너거 형수가 몸만 안 아파도 너거 동영이하고 송이는 거둘 낀데……. 숙모님이 너거 형제들 이런 꼬라지 안 볼라꼬 작년에 고마 가셨는갑다. 부디 몸 조심하고 우리 건강한 모습으로 다시 만내자!"

명철은 그 전화를 끊자마자 아들 집에 얹혀 있는 송부장부터 찾아갔다. 보름 전에 떼어 놨던 아이들에게 달려가고 싶은 마음이 굴뚝 같았지만, 그전에 누구라도 붙들고 속에 고이는 것을 말끔히 비워버려야 아이들을 만나고 나서도 발걸음이 떨어지겠던 거였다.

명철은 거동이 불편한 송부장과 어디 바람이라도 쐬러 가기 위해서 폐차처리도 못하고 있는 동생의 승합차를 몰고 갔다.

'죽는 놈 있으면, 사는 놈도 있더라' 고 단군이래의 대목(?)을 맞은 퇴직금 사기꾼들에게 걸려서 동산과 부동산을 모두 날린 송부장은 그 충격으로 쓰러졌다가 몸의 절반만 간신히 추스르고 있는 형편이었다. 오랜만에 만난 송부장은 명철을 보자마자, 충주호에 가보자고 어린애 보채듯 했다. 진즉부터 사이비 종교에 빠져 살았던 마누라는 요즘은 아예 무슨 '성전' 이라는 곳에 나가서 살고, 며느리는 마주칠 적마다 시어미 노릇을 하는 통에 별의별 생각이 다 든다는 것이었다.

"이 사람아, 빨리 일어나라니까."

하천리의 단골 포인트에서 성한 팔로 열심히 헛챔질을 하고 있던 송부장은 명철이 내일 모레 먼바다로 나간다는 말을 듣고부터 불같이 화를 내고 있었다.

"갈 때까지는 잠시라도 아이들 옆에 있어 줘야지 이게 뭐 하는 짓이야? 그런 일을 왜 이제야 말을 하는게야? 빨리 일어나게, 원장수녀님에게 말해서 오늘 당장 데리고 나와서 부산 가기 전까지는, 한순간도 떨어지지 말고 꼭 보듬고 있어. 어서 일어나!"

그래도 명철은 텐트 앞에 앉아서 애꿎은 풀만 북북 뜯고 있었다.

"저만 어떻게 갑니까? 몸도 불편하신 분이 여기에 혼자 남으시겠다니 말이나 됩니까? 저도 이러실 줄 알았으면 여기 안 왔어요."

"허어! 이렇게 말귀를 못 알아들을까? 이것 봐, 홍대리. 나는 여기가 좋아. 공기 좋은 이런 곳이 내 병에는 최고란 말야. 제발 내 말 들어. 어서."

송부장도 명철에게 애원을 하고 있었다.

"암만, 그러셔도 저 혼자서는 못 갑니다."

"나도 못해."

송부장은, 약 한 첩 못 써보고 그냥 죽인 핏덩이의 구덩이를 파던 가난한 애비처럼 울부짖었다.

"통원치료도 계속하셔야지요."

송부장의 결심을 꺾을 수 없다는 것을 느낀 명철의 말은 힘이 완전히 빠져있었다.

"이게, 병원 다녀서 나을 병이야? 공기 좋은 곳에서 운동하는 것 이상으로 좋은 치료 방법이 없어. 아직까지 라면 끓일 기력은 있으니까, 내 걱정은 손톱만치도 하지 말고 어서 가. 내가 굳이 야영장비를 챙겨온 것도 다 이유가 있는 게야."

더 이상 버티는 것도, 서로에게 못 할 짓이어서 명철은 송부장의 불편한 손을 꼭 쥐었다.

"고맙네! 자네 말마따나 막강 '해변대' 출신하고 이별하는 장소는, 이런 물가가 제격이구먼. 혹시 아나? 밤에 커피 아주머니라도 찾아주면 금상첨화구 말이야……. 이건 십년 근속기념으로 받았던 건데, 팔아서 아이들 맛있는 것도 사 주고, 놀이공원이라도 데려가게. 이런 물건은 이럴 때 쓰는 거니까, 아무 소리 말고 어서 받게!"

억지로 우스개 소리까지 하면서, 송부장은 성한 팔에 끼고 있던 금반지를 입으로 뽑아서 명철의 손에 꼭 쥐어 주었다.

입을 열면, 하고 싶은 말 대신 다른 것이 튀어 나올까봐 입술을 꽉 깨물고 있는 명철의 가슴속에 송부장의 모습이 탁본처럼 뚜렷하게 새겨지고 있었다.

PART I
지금 우리들은...

신 삼국지新 三國志 05

누구 말마따나, 먹어서 몸에 좋고 특히 밤에 좋은 것이라면, 개가 안 먹는 것까지도 악착같이 찾아 먹고 끝장을 보는 바람에, 마침내 이 땅의 토종붕어마저도 백성들 실망 안 시키는 참 정치인처럼 귀하디 귀한 것이 되고 말았다.

그리하여 민물고기 주제에 바다 건너온 배스, 블루길, 떡붕어, 중국붕어 등등이 이 바닥의 주인 노릇을 하고 있으니, 일전에 눈 먼 미군 장갑차에 희생당한 여중생들 추모 촛불대회에 직접 참여했었거나, TV로 본 사람들 중에서도 낚시인들의 소회가 남달랐을 것이 분명했다. 그러나 조선 제일의 참한 색시로 자처하면서 곱게 벗고(?) 보여주는 미스코리아 후보들의 모습에서도 토종의 흔적은 찾을 길이 바이 없고, 내 새끼, 내 마누라의 머리 색깔도 어제 오늘 다르고, 내일 또 어떻게 바뀔지 모르는데, 혼자서만 '우리 것이 최고여!'

하고 우긴다면 원정출산으로 옹알이도 영어로 하는 손자하고도 나중에 척이 질 것 같아서 오늘도 물가를 찾은 꾼들은 묵묵히 찌만 노려보고 있는가 보았다.

휘영청 밝은 달 아래 그는 홀로 앉아 있었다. 갈 길 바쁜 풀벌레들의 울음소리도 뚝 떨어진 기온만큼이나 듣는 사람의 가슴을 시리게 했고, 임자 잃은 그림자 같은 이름 모를 밤새는 한사코 어두운 저쪽으로만 날아가고 있었다.

해장술에 취해서 아무렇게나 쓰러져 자다가 깨어나는 그길로 곧장 동네 방죽으로 자리를 옮긴 배달한裵達漢은, 마시다가 죽을 작정이라도 한 것처럼 소주병만 원 없이 비워내고 있었다. '더도 덜도 말고, 한가위만 같아라!' 는 말도 사뭇 어폐가 있는 것이, 지천명知天命은 커녕, 아직까지 '아빠' 소리도 한 번 못 들어 봤는데, 경로당 가는 길만 활짝 열린 남자에게는 전국의 도로가 주차장으로 변하는 명절이야말로, 해일처럼 밀려오는 회한과 고독감 때문에 술 없이는 한 순간도 견딜 수 없는 '생활유격코스' 에 다름 아니었다.

"그쪽에 다라이 행님이 맞지요?"

제방 위에서 부르는 소리가 있어서 뒤돌아보니, 동네 후배 병삼과 성구가 마실 나온 밤도깨비들처럼 서 있었다.

"이 시간에 우짠 일이고?"

달한은 그들이 제방을 타고 내려오는 동안, 빈 술병부터 낚시 가방에 쑤셔 넣었다.

"말도 마소! 행님 집에 갔다가 허탕 치고, 이 양반이 또 어느 색시 집에 가서 퍼 졌나, 우쨌나 하고 걱정하다가, 암만캐도 여개 있지 싶어서 와 본 거요. 행님! 제발 핸드폰 하나 장만하소! 바쁜 사람들 고생 시키지 말고."

"하모! 저 행님 술 한 번만 안 묵으면 핸드폰 열 개도 장만 할 수 있을 꺼로. 좌우지간에 이런 인터넷 시대에 '아부지 위독, 급히 귀가 요망' 하고 전보 치던 쌍팔년대 식으로 사는 사람은 우리 동네, 우리 다라이행님 배끼 엄따."

병삼의 뒤를 이어 성구가 툴툴거렸다.

"집 전화 기본료도 아까운 사람한테 핸드폰이 무슨 소용이고? 그런데 땡크보다 더 시끄러운 고물 오도바이는 우짜고, 털레털레 걸어 오노? 술 묵고 또 논에 쳐 박았구나!"

달한은, 랜턴으로 그들의 발밑을 비쳐주면서 헐겁게 웃었다.

"어데요? 내꺼는 집에 있고, 기름 달랑거리는 것도 모르고 무작정 끌고 댕기는 놈 뒤에 타고 오다가, 저 밑에 허상만이 목장서부터 그노무 고철덩어리 밀고 온다꼬 시껍했소! 내일 내 오도바이에 기름 싣고 와서 몰고 갈라꼬, 저쪽 춘식이 할배 묫자리 옆에 자빠트리고 오는 길이라요."

비탈길에서 시동 꺼진 오토바이 밀고 오느라고 진땀께나 흘렸을 텐데, 성구의 목소리에는 아직도 힘이 남아 있었다.

"헤, 헤, 헤, 그래도 그만큼 도망 와서 그랬기 망정이지, 안 그랬으면 낭패 볼 뻔했다, 아이가."

기름 안 먹는 자전거라면 모를까, 오토바이 몰고 다닐 자격은 절대로 없는 병삼이도 수박서리 갔다가 바람난 처녀, 총각 연애하는 것 훔쳐보고 온 여드름쟁이들처럼 연신 싱글벙글했다.

"하모! 옛날에는 호랑이가 겁났지마는, 지금은 놔 먹인 사람새끼들이 제일 무섭다꼬! 아까 뱅삼이 니가 스포츠카 발통 절단 내고 있을 때, 내는 조수석 쪽으로 요래 들여다보다가 한참 숨 넘어 가던 가시나하고 눈이 딱 마주쳤는데, 하! 고거 어린 것이 보통내기가 아이더라! 벗은 거 덮을 생각도 안 하고 창문부터 탁 내리더마는, '뭘 봐? 이 자식아!' 하고 삿대질을 하는기라! 니가 미리 빵꾸 안냈으믄 달밤에 혼성팀 하고 이 대 이로 치고 박을 뻔 했다."

병삼과 성구는 밑도 끝도 없는 얘기를 주고받으면서 계속 킬킬거렸다.

"뭔데? 오다가 도깨비 봤나?"

"그런 일이 있었소! 행님은 알아 봤자 속만 뒤집힐 거이까네 모른 척하고 넘어 가소."

달한이 둘을 번갈아 보면서 궁금해 했지만, 구렁이 소굴인 그들의 속에서 시원한 대답이 나올 리 만무했다.

"달봉이하고 달수, 글마들은 왔다가 갔소?"

빈 살림망을 들어보고 혀를 끌끌 차던 성구가 뒤늦게 동생들에 대해서 물었다.

"하모! 엊저녁에 내리 왔다가 오늘 아침에 차례 모시고, 처갓집도 가고 또 어데로 가야 된다꼬 막바로 올라갔다. 시간이 빡빡한 모양이더라."

남의 말 하듯 해도, 달한의 목소리는 섭섭함이 그대로 묻어 나왔다.

"문디 자석들! 설하고 추석에 딱 두 번 찾아보는 행님 집에 왔으모 매칠 있다가 갈 일이지……. 처가 집 말뚝 보고도 절 할 놈들 아이가! 아참! 말이 났으이까네 하는 말인데요, 행님 요번에 나락 저거 하믄 그 돈 내가 좀 씁시다."

홀몸일 때는, 담배 값이 없어도 남에게 아쉬운 소리를 못하던 병삼이, 농사꾼의 전 재산이나 다름없는 추곡수매한 돈을 빌려달라고 하니, 달한은 무슨 일이 생긴 줄 알고 가슴이 덜컥 내려앉았다.

"와? 무슨 일인데? 누가 아푸나?"

"그기 아이고, 이달 말에 우리 한필이 돌 잔치 하고 나서, 내도 처갓집 한번 갔다 올라꼬요. 안죽 까지 한 번도 못 갔다 아이요!"

"처갓집 간다꼬……. 그래, 가 봐야지……. 그 집에서도 대기 기다릴낀데……. 우찌 될란지는 모르지마는, 하이튼 그때 가서 되게끔 한번 해보자. 그런데, 한자로는 무슨 '필' 자를 쓰는지 몰라도, 머스마 이름에 '필' 자가 들어가믄 파란만장하다는 소리를 어데서 들은 거 같은데, 단디 알아보고 하지 그랬노? 동네 영감한테 막걸리 받아 주고 지었나? 우시장 앞에 있는 점쟁이한테 갔더나?"

달한은, 오십 줄을 바라보는 나이에 첫 아들을 본 병삼을 진정으로 걱정해서 하는 소리였다.

"어데요? 내가 우리 아들놈 이름을 한월이라꼬 지으이까네, 절마도 항렬이고 나발이고 따질 것 없이, 산부인꽈에서 나오는 그길로 읍사무소로 달려가서 한필이라꼬 호적에 척 올립디다."

역시 불혹을 훨씬 넘겨서야 이세를 볼 수 있었던 성구가 제 일처럼 신이 나서 떠들었다.

"그러나저러나, 행님한테서 술 냄새가 지독 하요! 술 좀 쪼매 마시소. 우리 중학교 동창이고, 행님하고는 연변동기인 유종수는 요새 술만 묵었다 하믄, 몽둥이 들고 나와서 '우리 마누라 찾아내라' 꼬 고래고래 악을 쓰고 동네를 발칵 엎는답니다. 오봉리 이장 노상일이는 종수 글마가 술 묵었다하믄 읍내 동생 집으로 피난 간답디다. 행님도 조심하소. 술에는 장사가 없소! 옷이 이기 뭐요? 츳츳츳……."

병삼은 단추가 잘못 끼워 진 달한의 셔츠를 바로 입혀 주면서 혀를 찼다.

"허허……. 종수가 그리됐나? 종수 모친 억장이 또 무너졌겠네!"

달한은, 아들과 함께 연변에서 오는 며느리 감 마중을 갔다가, 신부가 공항입국장을 빠져 나오자마자 사라지는 바람에, 엉망진창으로 취해서 걸음도 제대로 못 걷는 불쌍한 자식을 간신히 부축하고 돌아오던 유종수 모친의 주름 많은 얼굴을 떠올리고 있었다.

"혼자서 마시는 술이 알콜중독 지름길이요. 다라이행님도 저녁에 심심하다꼬 혼자 저거 하지 말고, 영감들 노는데 가서 장기도 두고, 고스돕도 치소. 막내 소리 들으면서 술, 담배나 박하사탕 심부름 쪼매 하믄 어떻소? 어차피 입당할거 아이요? 그라고, 내도 살림을 살아보이까네 남자는 학실히 여자가 있어야 되겠습디다! 행님도 더 늦기 전에 한 번 더 움직여 보소. 시집오겠다는 처녀들이 천지빼까리로 널렸는데, 이대로 살면서 뼛속에 사리나 잔뜩 만들 일 있소? 정 안되믄 내가 구해 주께요. 진짜요! 당산리 태봉이 작은 아부지도, 내가 중간에서 다리를 놔서 그 나이에 새장가 든 거라요!"

머리가 허옇게 되어서야 간신히 남의 식구를 데려 올 수 있었던, 월곡리 토박이 이성구씨의 말씀에는 자신감이 넘쳤다.

"그런데 태봉이 작은 아부지 문제는, 신랑, 각시, 나이 차이가 40살이 넘는다꼬, 당에서도 그렇고, 특히 부녀회에서 말이 많은 모양이더라!"

"보소, 행님요! 혼자 사는 그쪽 여자들치고, 얼라들 주렁주렁 안 달린 과부들이 없소. 행님 같으믄 자식들이 서넛이나 달린 여자를 마누라로 들이겠소? 택도 없지! 그래서 태봉이 작은 아부지도 헐찍한 과부를 찾다가, 찾다가 몬 찾아서 할 수 없이 처녀장가를 든거라요! 사정이 이런데, 밥숟가락 놓자 말자 설거지도 안 하고 테레비 앞에 턱 받치고 앉아서, '결혼을 하네, 몬 하네!', '이혼을 한다, 안 한다!' 하고 똑 같은 이바구를 주인공만 바꽈서, 수십 년 동안 우려묵는 드라마 보는 재미로 산 다는 아지매들이, 급변하는 국제정세를 우찌 알겠소? 일 년에 두어 번 관광을 가도, 노다지 버스 안에서 '띵까, 띵까' 하다가 진이 다 빠져서, 정작 목적지에 도착하믄 우루루 몰리 가서 쎄엑하고 오줌만 누고 오는 그런 여자들 말은 무조껀 무시하소! 그라고, 씰데 없이 명줄만 질긴 할망구들 하고 사는 당 간부나 원로들은, 배가 아파서 그런 거고."

중매해 주고 술 석잔 얻어먹기는 커녕, 원조교제(?)를 주선했다는 원성까지 들어야했던 성구는, 자신을 성토한 부녀회원들에게 쌓인 것이 많았다.

"관광 가서 오줌만 싸고 와도, 어설픈 삼류 제비족하고 어울리는 '묻지 마, 관광' 보다는 낫다."

"어허! 이 양반이 참말로? 행님 자꾸 그랄꺼요? 그거는 내 군대 동기가 관광버스 기사로 취직을 해서, 장거리 운전에 말 상대나 해 준다꼬 몇 번 탄 거를 가꼬……. 허어, 이 양반이 참말로 몬 됐네!"

몇 년 전, 정녕 이대로 살다가 말 수는 없다는 생각에 초봄부터 농사는 작파하고, 새 양복에 야한 넥타이까지 하고 '묻지마 관광'을 여러 번 해 봤지만, 장근 삼십 년 가까이 논밭에서 그을린 얼굴이라, 걸리는 여자들 마다 먼 친척 결혼식에 가는 촌사람 보듯 해서 번번이 비싼 회비만 날리고 술만 잔뜩 취해서 돌아 올 수밖에 없었던 성구가 정색을 했다.

"하이튼, 너거들이 낼로 생각해 주는 거는 대기 고마운데, 큰스님들 말씀 중에 '무소의 뿔 매추로 혼자서 가라'는 말이 있다. 깊은 뜻은 잘 모르지만도, 내는 그 말씀이 가슴속에 사무치고, 또 홀가분하게 이리 사는 것도, 내는 좋다."

"행님도 참 말귀가 어둡소! 무쏘 뿔이라문, 4륜 구동인 무쏘 차 본네트 우에 장식용으로 얹어 놓은 조막만한 코뿔소 뿔을 말하는 모양인데, 그거는 술 묵었으믄 차 놓고 그냥 가라는 말이라요. 요새는 땡추들이 음주 운전 많이 한다 하데요."

금년 봄에, 읍내 삼겹살 집의 눈매가 무척 곱던 홀 아줌마에게 마음을 주고 그 집 문턱께나 닳렸다가, 과부인줄 알았던 그녀가 유부녀란 것을 알고 충격을 받았던 달한이었다. 그 길로 이발소에 가서 삭발을 하고 차를 몰고 오다가, 음주단속을 하던 경관에게 스님으로 오해를 받았던 달한의 묵은 상처가 도지는 순간이었다.

"성구야!"

"와그라요? 내 말이 틀린 거 있소?"

"니는, 앞으로 동물원 근처는 얼씬도 하지마라. 코뿔소한테 걸리면 니는 뼈도 못 추린다."

그 나물에 그 밥인 달한과 성구가, 눈에는 보이지 않는 칼로 서로의 옛 상처를 찔러대고 있을 때, 병삼의 핸드폰이 오도방정을 떨었다.

"오야! 내다. 응, 그래, 별일 없다……. 알았다! 우리 '아낙 라라라키(아들)는 자나? 젖은 마이 묵었나? 오늘 날씨가 대기 쌀쌀하이까네 감기 안 들도록 단디 챙기라……. 아부지 안 찾더나? 허허허허허허……. 요 며칠 동안 손님들 대접하고 제사 모신다꼬 니 욕봤다……. 뭐? 아! 그런 욕이 아이고, '하드 워키' 했다는 말이다. 안죽까지 그것도 몰랐더나? 뭐? 친구들이 왔어? 안젤리카, 바니, 세실리아, 한나. 까트린, 어이구야! 산 페르난도 출신 미인들은 다 모였네. 뭐? 돌잔치에 보태라꼬 미리 돈까지? 막카노?(얼마), 오오, 살라마트!(그래, 고맙다). 지끔 가께. 오야! 그래! 미투! 쪼오옥."

병삼은 우리말과 영어, 필리핀 따갈로그어까지 잡탕으로 구사하면서 빈속에 소주만 퍼부었던 달한을 사뭇 서글프게 했다.

"행님하고 오랜만에 어데 가서 한 잔 할라꼬 했는데, 집에 손님들이 왔는갑소. 행님도 같이 갔으믄 좋겠는데 처자들이 원캉 어려서……."

병삼의 말이 채 끝나기도 전에, 성구도 엉덩이를 털고 일어났다.

"내도 가야 되겠다. 우리 마누라도 심심해서 죽을라 하는데, 마침 잘 됐네! 행님, 미안하요. 우리 먼저 가께요."

"괘않타! 내 걱정 하지 말고 너거 끼리 재미있게 놀아라."

달한은, 오자마자 제 짝 찾아서 돌아가겠다는 그들이 적이 야속했지만, 또 한편으론 안 보이는 것이 도와주는 것이란 생각도 들었다.

"행님! 그라믄 천천히 오소. 그라고, 내가 부탁한 거 꼭 좀 해주소. 행님만 믿습니데이."

벌써 저만치 가고 있던 병삼이 되돌아서서, 구두 언약의 매듭이 단단한 지 한 번 더 확인을 했다.

"하이튼 그때 가서 보자. 사람 일이 우찌될란지 모르는 거 아이가? 참! 한월이 애비가 요새 쌈밥집에 치커리 같은 채소 대 주면서 돈 잘 번다 아이가!"

경로당에 입당하라고 할 때부터 심사가 뒤틀리기 시작해서 '땡초'를 들먹일 때 완전히 마음이 바뀐 달한이, 자신을 끝까지 혼자서 가야만 하는 비구승에 빗댄 성구에게 바톤을 넘기려고 했다.

"보소! 행님! 내도 요번 설에는 처갓집 간다꼬 마누라한테 철썩 같이 약속해 놨고, 또 한필이 외가 마닐라까지는 비행기로 네 시간만 날아 가믄 되지마는, 우리는 월남 호치민까지 가가꼬, 거게서 또 버스로 갈아타고 반나절을 더 가는데, 갱비가 들어도 우리가 훨씬 더 든다꼬요! 뱬소하고 처갓집은 멀수록 좋다는 말도 엉터리라요! 처갓집 한 번 가는데, 길바닥에 뿌리는 돈만해도 수백만 원이 훌쩍 넘는 우리들 고충을 누가 알겠소? 정부당국도, 저출산 문제 해결에 앞장서는 우리한테, 항공료 할인혜택을 주야 된다꼬요. 앞으로는 정치가들 선거공약도 구름 잡는 헛소리 대신에, 바로 이런 문제를 들고 나와야 주목을 받을끼요."

이제 갓 스물을 넘긴 아내 루엉이 향수병을 앓고 있는 것을 잘 아는 성구가, 선거공약까지 들먹이며 펄쩍 뛰었다.

"좌우지간, 내는 행님만 꽉 믿소. 먼저 갑니더. 천천히 오소."

"그래. 또 보자! 그란데, 오도바이가 없어서 우짜노?"

"달이 밝아서 뛰어 가도 엎어지지는 안 하겠소."

선착순 하듯이 달려가는 그들의 뒷모습을 바라보는 달한의 얼굴이, 유치원생이 만들다가 만 점토 인형처럼 이상하게 변하고 있었다. 동남아 여성들과의 국제결혼을 광고하는 현수막이 농촌의 새로운 명물(?)이 되기 전에는, 밤이 길어도 서로 비슷한 처지의 아우들이 있어서 그런대로 의지 삼고 살아왔는데, 한잔 생각이 나면 아무 때나 부르고, 또 찾아가던 그때는 옛날이었다.

빈 병인 줄 뻔히 알면서도 낚시가방에서 도로 꺼낸 소주병을 달빛에 이리 저리 비쳐보고 있을 때, 갑자기 발밑에서 '풍덩!' 하고 잉어 튀는 것 같은 소리와 함께 제방 위에서는 주먹만한 돌멩이들이 날아왔다.

"야! 이 자식들아! 짱깨집 오토바이 저 밑에 숨겨 놓고 여기 와 있으면 못 찾을 줄 알았어? 어쭈? 또 한 놈은 어디로 숨었어?"

"우린 너희 같은 촌놈들 상대하기 싫어서, 방학이나 명절 때도 한국에 들어오기가 싫은 사람들이야! 리얼한 포르노 공짜로 봤으면 '땡큐 베리마치' 지, 타이어는 왜 찢구 지랄이야? 너희는 안 해? 너희도 마누라하고 매일 하잖아. 이 냄새 나는 촌놈들아!"

욕설과 함께 인정사정없이 날아오는 돌을 낚시가방으로 막아 내고 있던 달한은, '놔 먹인 사람새끼가 제일 무섭다' 던 병삼과 성구의 얼굴이 어른거렸다.

"와이라노? 말로 해라, 말로 해! 무슨 오해가 있는 모양인데, 사람 잘 못 봤다. 아이고, 이것들이 참말로 사람 잡겠네! 내는 마누라도 없이 혼자 사는 사람인데, 하기는 뭐를 한단 말이고?"

모르는 사람들 앞에서는 절대로 없는 티를 내지 않던 달한이었지만, 남이 싼 똥에 주저앉고 보니, 마누라가 없어도 있는 체 하던 그 버릇부터 싹 고쳐 버렸다. 그러나 어린 연놈들이 '퍽' 뭐라고 하는 것과 동시에 달한의 눈에서도 '퍽!' 하는 소리와 함께 불이 번쩍 하면서 뒤로 벌렁 나자빠졌다.

옛날에는 버림 받은 처녀들이 자주 사고를 쳤던 깊은 물속으로 가라앉는 순간, '그래! 차라리 잘 됐다! 더 뭉개고 살아 봤자 이런 꼴 배끼 못 볼낀데 이 길로 막바로 가 뿌자' 하는 모진 생각이 들어서 물부터 두어 모금 먹었다. 그러나, 그러기엔 지나온 날들이 너무나 억울한 술고래는, 능숙한 개헤엄으로 방죽에서 빠져 나와 양손에 술병부터 집어 들었다. 두 눈이 멀쩡해도 물불을 안 가릴 판인데, 왼쪽 눈이 완전히 감길 정도로 정통으로 맞았으니 달한의 눈에는 보이는 것이 없었다.

허기 진 어미 범이 먹이 감을 덮치듯이 순식간에 제방 위로 달려갔지만, 엉뚱한 사람만 잡아 버린 그것들은 비상등까지 깜빡거리며 저만치 가고 있었다.

분노가 견딜 수 없는 모멸감으로 바뀌면서 달한은 그 자리에 철퍼덕 주저앉았다. 그때 언제던가, 연변까지 날라 가서 모셔왔던 이향옥이, 패물만 챙겨서 연기처럼 사라져버린 뒤부터 한순간도 놓지 않고 가슴속에 꼬옥 보듬어 안고 살아 왔던 설움보따리의 질긴 매듭도 맥없이 풀려 버렸다.

"아이고! 어무이, 말라꼬 낼로 낳았소? 당신 살아 생전에도 좋은 꼴 한번 몬 보여 드렸는데, 인자는 이런 꼬라지까지 보실라꼬, 그 먼 길을 오시는 거요? 어무이! 인자, 다시는 오지 마소! 다시는 오지 마소! 어허헉……. 어무이, 어무이요……."

효자였던 달한은 모친의 임종 때처럼 슬피 울었다. 덧정 없는 세월에 밀려 한물 가버렸지만, 한창 물이 오른 여인네 서너 명은 한꺼번에 어떻게 해도 될성부른 넓은 어깨를 들먹이며 피눈물을 쏟아 냈다.

어쩌자고 달마저 밝아서, 풀벌레들도 소리 죽여 보고 있었다.

PART I
지금 우리들은...

저 꿈나무 숲에는 새들이 없다 06

많이 마신 다음 날은 반드시 금주 결심을 하는 버릇이 있는 나는, 오늘은 혈서까지 쓰고 싶을 정도로 지독한 숙취에 시달리고 있었다. 그럴 리도 없겠지만 요즘 같은 불경기에 낯선 사람이 불쑥 가게로 들어와서 '회원으로 가입하겠으니, 한잔 하러 가자!' 고 해도 마다할 판인데 아까부터 전화는 징징거리고 있었다. 억지로 받아보니 한동네에서 더럽게 늙어가는 중학교 동창 조영근이었다. 내일 낚시를 따라 갈 테니까 자리 하나 비워놓으라는 거였다.

농협단위조합장 시절에 부정한 짓을 저질러서 들어갔다가 나온 뒤로 날건달 생활을 하다가 피선거권 제한의 족쇄가 풀리자마자 본격적으로 정치판에 뛰어들 작정을 하고 설쳐대기 시작할 때 어느 정도 짐작은 하고 있었지만, 막상 닥치고 보니 여간 심란한 것이 아니었다. 내가 가타부타 잘라서 말을 못하고 숙취 핑계를 대고 끙끙

거리자 조는 일방적으로 내일 새벽에 보자고 매듭을 지으며 전화를 끊었다. 나는 살아오면서 그때처럼 전화를 받은 것을 후회한 적이 없었다.

어려서부터 낚시가게 주인이 되고 싶은 큰(?) 꿈을 품고 열심히 노력한 끝에 꿈은 이루어졌다. 그동안 필설로는 다 그려내지 못할 사연과 시련이 많았지만 마침내 '저 녀석이 돌상에서 실을 잡은 것은 낚싯줄인줄 알고 그랬을 것이 분명하다. 팔자다!' 하고 그동안 탐탁찮게 여기며 볼 적마다 말리고 타이르시던 집안 어른들도 그런 말씀을 하시며 두 손을 들고 말았다.

그러나 불혹을 넘긴 지금은 그때 어른들 말씀을 안 들은 것을 땅을 치고 후회하고 있었다. 등산이나 골프, 당구 같이 실력이 눈에 보이는 취미와 달라서, 찌맞춤이나 겨우 배우고 어쩌다가 덜컥 눈먼 월척 한 마리라도 교통사고를 일으키면 그 즉시 자신만의 특별한 뭐가 있는 도사 행세를 하려고 드는 낚시꾼들 틈에서 총무의 위치는 나날이 위축됐지만, 무엇보다도 천기, 즉 하늘을 모르고 하늘이 돕지 않으면 못해먹는 직업이 바로 낚시가게 총무였다. 지모와 계략은 물론이고 비바람도 제 맘대로 요리하는 제갈공명 같은 인재가 아니면 처자식 먹여 살리기가 극난인 직업이 바로 이것이었다. 날이 좋으면 밤낮 물가에 나가서 살았으니 볼 적마다 한발이나 나오는 마누라의 입을 쑥 들어가게 하려면 날을 잡아서 초저녁부터 새벽까지 봉사를 해도 "미쳤어? 그만 해!" 하는 소리 한 번도 들은 기억이 없었다. 그렇게 고생고생하며 오늘까지 버텨온 나에게 겉은 번지르르해도 뒤론 구린 짓만 하며 살아 온 조가 낚시를 따라다니겠다고 하니,

이제야말로 낚시방 문 닫을 때가 된 것 같아서 만감이 교차했다.

이름 모를 새들이 노래하다가 가고 아니 오는 곳에는 이제, 이름 모를 인간들이 버리고 간 쓰레기만 산처럼 쌓여서 썩어 가는데, 아무리 낚시방 운영이 어렵다 해도 거기서 그 인간이 설치는 꼴은 정말로 보기 싫던 거였다. 불법 수렵으로 노루 피 마시러 산을 헤집고 다니고, 공 치러 가서도 반반한 캐디만 보면 집적거리고 추문을 뿌려대다가 마침내 골프장 출입금지까지 당한 그것이 물가에서 텀벙거리는 꼴은 상상만 해도 끔찍한 것이었다. 그래서 끙끙 앓고 있는데 조가 미심쩍었던지 또다시 전화를 걸어와서 가뜩이나 찢어질 것 같은 내 속을 쫙 잡아 찢어버렸다. 낚시방에 몇 번 들락거리다가 그것을 발판으로 해서, '생활체육협회'의 지부를 물 말아 먹으려는 속내가 뻔히 비치는 소리도 제 스스로 하고 있었다.

"……그러니까 부탁 하는 거야. 너두 알지마는 노루 쫓고 산돼지 잡던 산중호걸, 필드에 나가면 '조프로'라고 불리던 사람이 이제는 하늘도 그 속에 담을 수 있을 정도로 넉넉하고 그릇이 큰 물가에 앉아서 조도釣道를 닦으시겠다는 말씀이야! 나 표밭 다지려고 이러는 거 아냐."

"알아듣지 못할 소리 그만 좀 하고 자네 집 사람 생각이나 좀 해줘. 저번에 이 앞으로 지나가는 걸 보니까 얼굴이 말이 아니던데, 호텔에서 남의 유부녀나 만나고 다니다가 망신 당하지 말고 가정도 가끔씩 돌아보라고."

"시끄러워! 그건 모함이고 함정이었어. 하여튼 내일 무조건 갈 테니까 알아서 해!"

얼마 전에 인천의 어느 호텔에서 바람 난 유부녀와 밀회를 하다가 남편에게 들켜서 묵사발이 됐던 조는 그 말만 비치면 질색을 했다.

엊저녁부터 내린 비는 그쳤으나 우리가 도착한 삽교천의 지류에는 쓰레기 더미가 수면을 덮고 있었다. 주변의 논밭에서 비바람에 쓸려온 생활쓰레기와 낚시하면서 버리고, 그것도 모자라서 집에 있던 것까지 싸들고 와서 던져버리고 가는 알뜰살뜰(?)한 인간들 때문에 수많은 지자智者들이 수양을 하던 그 청정도량이 이제는 말 그대로 쓰레기 하치장이 되어 있었다. 그리고 우리가 앉았던 포인트 바로 앞에는 '새 정치 새 일꾼, 기호 7번 정 낙선!' 이라는 어깨띠 수백 개가 수초처럼 물속에서 흐느적거리고 있었다. 얼마 전에 실시했던 보궐선거에서 이름 그대로 낙선한 후보 측의 소행이 분명했다.

"앞뒤가 바뀌었어. 민생보호가 안 되면 자연보호도 안 되는 거야. 심심하면 어깨띠 두르고 나와서 떠들어봤자 개구즉착開口則錯이야. 요즘은 왜 걸핏하면 만사 제쳐 놓고 저놈의 어깨띠부터 하고 나서는지 모르겠어. 어떤 것들은 '일회용 쓰레기를 줄이자!' 는 캠페인을 하면서도 저것을 두르고 길바닥에 나섰더구만. 그러면 얼굴 팔고, 사진 찍고 캠페인이 끝난 뒤, 그 헝겊 쪼가리를 쓰레기통에 안쳐박고 집으로 가져간다 치면 그것을 어디에 쓸 건데? 옛날 같이 천이 귀하던 시절 같으면 하다못해 제 마누라가 한 달에 한번 씩 속에 찼다가 빨아 널고 하는 개짐으로라도 쓰겠지만……. 아무 짝에도 쓸데가 없는 저놈의 물건부터 없애는 것이 진짜 자연보호고 환경보호란 말이야. 왜놈들이 학도병 끌고 갈 때 '무운장구武運長久'니, '진충보국盡忠報國'이니 해서, 제 놈들 입맛대로 만들어서 죽으러 가는 조선청년들 어깨에 두르게 했던 사람 잡는 물건인데, 개나 걸이나 길바닥에 나설 일만 생기면 저것부터 챙기니 원……. 동학혁명군이나 삼일 만세 운동에서도 어깨띠 하고 나갔다는 소리 들어봤어? 옷에 글을 써 넣거나, 집안을 상징하는 문양을 박아 넣기 좋아하는 왜놈들이나 하는 짓거리를 무슨 영광스런 것으로 알고 자빠졌다니까! 만약에 오락방송의 출연자가 '레디 고'라고 해야 할 대목에서 '요이 땅'이라고 하고, 도시락을 '벤또'라고 했다간 그 출연자는 당장 친일파로 몰려서 매장 당하고, 그 오락 프로마저도 설 자리가 없어 질 것이 분명한 나라에서 저 놈의 물건은 왜 안 없어지고 시도 때도 없이 걸치고 나서는지 알다가도 모르겠어……. 여기서 이럴게 아니라 온양에 가서 몸이나 녹이고 올라가자고."

어지간해서는 말이 없는 민 고문이 분을 못 삭이며, 받침대로 그것들을 하나하나 걷어내어 항상 가지고 다니는 커다란 비닐봉지에 차곡차곡 넣고 있었다.

오늘 새벽에 기어코 따라 오긴 했어도 낚시터에서는 '3번 아이언' 길이와 비슷한 반 칸 대 받침대로 골프 스윙 연습을 해서 주위의 눈살을 찌푸리게 했던 조영근이는, 온양온천에 도착해서도 해바라기 수술을 한 그것을 덜렁거리며 냉탕 온탕을 번갈아 들락거렸다. 샤워만 대충 하고 휴게실에서 쉬고 있던 나는 조의 고함소리에 놀라서 탕으로 들어갔다. 그는 헐렁한 팬티가 엉덩이에 겨우 걸려있는 주먹코에게 삿대질을 하고 있었다.

"이봐! 사람 봐가며 때도 밀어 주는 거야 뭐야? 손님이 부탁하면 '예' 하고 당장 나라시 판에 물부터 뿌리고 준비를 해야 원칙이잖아. 배가 불렀어?"

동생뻘 같은 조가 딱딱거려도 상대방은 그저 싱글싱글 웃고 있었다. 그때 꽃무늬 팬티를 입은 젊은이가 달려와서 두 사람을 번갈아 보며 허리를 굽실거렸다.

"손님, 사람 잘못 보셨어요. 이분은 여기서 일 하시는 분이 아닙니다! 아저씨 죄송합니다. 라면 좀 먹느라고……."

"괜찮아 한두 번 겪는 일도 아닌데 뭘. 어서 저 손님 몸이나 씻겨드려."

주먹코는 아무 일 아니라는 것처럼 사람 좋은 웃음만 짓고 있었다.

"아니, 그럼 댁이 때밀이가 아니슈? 허어, 이거 참……. 나는 원래가 내 몸 하나는 내가 책임진다는 신념으로 살아가는 사람이지만, 이런 직업에 종사하는 사람들도 먹고 살아야한다는 생각을 하다 보니까 잠시 오해를 한 것 같습니다. 서로 돕고 살자는 좋은 뜻으로 그런 거니까 거슬린 점이 있더라도 너그럽게 양해하십시오."

조는 잘못했다는 말 한마디 없이 두루뭉술하게 그 난관을 넘기고 젊은이가 때수건을 들고 기다리는 곳으로 가버렸다. 한참 뒤 담배 생각이 나서 흡연실로 갔던 나는 먼저 와 있던 주먹코에게 조영근이 대신에 정식으로 사과를 했다

"괜찮아요. 그런데 아까 그 친구 분은 뭘 하시는 분입니까?"

너…
나무맞니?

주먹코의 물음에 대답이 궁해진 나는 한참을 머뭇거리다가 "저 사람 저래 뵈도 꿈나무에요" 하고 생각 없이 말했다.

"뭐이, 꿈나무라고?"

눈을 동그랗게 뜬 주먹코가 나까지 이상하게 보는 것 같았다.

"때가 오면, 출마할 모양이에요."

그 말을 할 때는 내 얼굴이 화끈 달아올랐다. 그때 마침 휴게실 한쪽에서 조가 떠드는 소리가 들려왔다.

"심심새 짖고 쫙 찢어 졌으니, 새 한 마리만 더 붙어라! 잡새도 좋고, 황새면 더 좋다. 새야, 새야……."

그 사이 때를 밀고 나와서 회원들을 꼬여서 짖고땡 판을 벌린 모양이었다.

"아항, 그렇구먼! 그래서 아까 나한테 사과를 할 때도 무척 세련됐구먼. 그런데 내 주변에도 저런 꿈나무들이 여럿 있는데 말씀이야, 떡잎부터 알아 본 그런 꿈나무들 숲에는 어째서 새들이 없는지 모르겠어……. 그리고 한 귀루 듣고 한 귀로 흘려 버리슈. 내가 어째서 남들 다 벗고 있는데서 혼자만 입고 있다가, 번번이 때 미는 사람으로 오해를 받는가 하면 내 별명이 '돈주빼!' 라고, '돈 도로 주께 빼라 빼' 거든 이이이이이……."

어려운 말은 당최 못 알아듣는 나는 주먹코가 은행 거래가 많은 시골 부자인 줄 알고, '아, 그러십니까!' 하고 부러운 눈으로 바라보았다.

PART I
지금 우리들은...

경조競釣 07

어느 날 문득 서민들의 밥상에서 도루묵이 사라지고, 까마귀가 도루묵의 알보다 더 좋은 정력제란 소문이 돌자마자 그동안 미운 털이 박혀서 거들떠보지도 않았던 시커먼 그 새들의 소식도 까마득해졌다. 그리하여 겨울잠 자는 개구리들에게 불똥이 옮겨 붙어서, 겨울 산의 계곡에는 등산화 대신 장화를 신은 사람들이 몰려들었다.

그러나 악착스레 잡아먹어서 씨를 말려 버린 것은 그것들뿐이 아니었다. 힘 좋고, 때깔 좋고 환상적인 찌올림을 해 주던 토종붕어들도 도루묵과 까마귀의 뒤를 이어서 자취를 감춰버린 것이었다. 그동안 오염된 물속에서 배스와 블루길 같은 외래 어종들에게 시달리며 간신히 살아가던 붕어들이 완전히 사라지게 된 배경에는 '붕어중탕 먹이면 밤일도 잘 해 준다더라' 는 입소문을 퍼트린 아주머니들의 힘이 무척 컸다.

민물낚시꾼들은 절망하고, 줄줄이 깡통을 차게 된 낚시관련 업계와 낚시단체의 인사들이 처음으로 단합을 해서 전국의 물웅덩이를 발칵 뒤집었다가, 엉뚱하게도 경기도의 어느 중탕집에서 솥으로 들어가기 직전이던 토종붕어 몇 마리를 찾아내서 간신히 멸종의 위기는 넘길 수 있었다. 그것을 밑천으로 기사회생한 바다낚시 동호인들이 '조도가 무너진다'는 원로들의 반대도 무릅쓰고 머리띠, 어깨띠 두르고 거리로 나가서 서명도 받고 정부요로에 진정을 해서 마침내 경마, 경륜, 경정에 이어 경조시대가 열리게 된 거였다.

첫해에는 과천 대공원의 연못 한 귀퉁이를 빌려서 초라한 출발을 했지만 10년이 지난 지금은 도쿄돔을 능가하는 전천후 경기장이 생겼고, 본장 외에도 전국적으로 수천 개의 장외 중개소도 성업 중이었다. 본전에 망하는 것이 이런 바닥의 속성이라서 가정파탄 같은 부작용도 많았지만 한번 불붙기 시작한 경조의 열기는 식을 줄을 몰랐다.

경기 방식은 대어와 중량 중에서 한 가지만 맞추는 '외바늘' 게임과 둘 다 고르는 '쌍바늘' 게임, 한여름에도 '아이스 룸'에서 열리는 얼음낚시는 계절의 진미(?)를 만끽할 수 있었다. 그리고 경조장에서만 통하는 은어도 많이 생겨났다.

'키라(반짝거린다는 뜻의 일본말로 눈빛이 살아 있는 컨디션 좋은 선수)', '물갈이(무서운 신예)', '몽고(시력이 좋은 몽고초원의 사람들처럼 먼 곳의 찌를 잘 봐서, 주로 긴 대로 승부하는 선수)', '무너미(원로들)', '거북이(평소에는 저조하다가도 한일 정기전에선 대박을 보장하는 선수)', '별주부(다 잡은 고기를 마지막 순간에 잘 떨어트리는 선수)', '살

림망(돈 딴 사람)', 'YS(영원히 사라져라는 뜻으로, 수많은 경조 팬들을 거덜 낸 함량미달인 선수)', '바이킹(영화에 나오는 바이킹들이 대개 한쪽 눈에 안대를 하고 있는 것에서 비롯된 것으로 반타작했을 때를 말함)', '암표(일부 몰지각한 영감 팬들이 경로증 내밀고 공짜로 받은 전철표를 반값에 되파는 것으로, 돈을 다 날려서 집에 갈 차비도 달랑거리는 사람)', '간다(경마장에서 통하는 뜻과 같음)'. 그리고 '지하철' 이나 '찬송가', '라이방' 처럼 시각장애인 급의 한심한 선수들을 지칭하는 은어들이 그것이었다.

그리고 경조가 열리는 날이면 '드라이브 인' 이라고 하는 길거리장사들이 길목마다 진을 쳐서, 오징어나 김밥은 물론이고 여성 팬들이 많이 찾는 순대와 떡볶이도 차 안에서 손만 내밀면 되었다. 김포와 강화도를 잇는 다리가 하나뿐일 때, 휴일마다 낚시꾼과 보문사나 전등사를 찾았던 사람들의 차가 김포가도에서 꽁꽁 막히던 그런 정체를 견디다 못한 팬들은 오토바이를 많이 이용하게 되었고, 오토바이 제작사들도 경조 팬을 겨냥해서 제품명을 '4짜' 나 '거부거부巨鮒巨富' 같이 붕어와 관련된 이름을 사용하는 형편이었다. 그런 이유로 경조장에는 팔다리에 깁스를 한 사람들이 많았다.

달거리 손님을 보내고 물때 사뭇 좋은 마누라가 엊저녁부터 보챘어도, 나는 한사코 몸을 사렸다. 경조장 가기 전날은 몸을 정갈하게 하는 나의 버릇 때문에 우리 내외는 오늘 새벽까지도 엎치락뒤치락했었다. 마누라의 육탄공격을 방어하느라고 잠을 설친 나는, H사의 '용궁특급' 시리즈의 신제품인 60CC급 스쿠터를 주차장에 세워

놓고 일기를 살필 때는 가벼운 현기증이 일었다.

남서풍이 약하게 불고 기온은 섭씨 27도였다. 정문 앞에서는 낚시전문지 기자 출신들이 발행하는 예상지가 불티나게 팔리고 있었다. 잘 아는 낚시 잡지기자 출신의 후배는, 첩첩산중의 계곡으로, 파도치는 원도의 갯바위로 밤낮 취재만 다니던 과거와는 달리 요즘은 집사람에게 대접 받고 산다며, 그때보다 지금이 훨씬 낫다고 했다.

이것저것 꼼꼼하게 살펴 본 나는, 발매창구로 가서 칠순을 넘겼음에도 불구하고 아직까지 현역으로 있는 주상봉 선수에게 배팅을 했다. 그것은 엄청난 도박이었다. 그도 그럴 것이, 70년대 파로호가 한창 잉어를 쏟아 낼 때, 서울에서 매일 몰려가던 수십 대의 낚시버스를 총 지휘했었던 프로 중의 프로였지만 요즘엔 세월에 밀려서 헛챔질이 잦았고, 찌 보는 것도 힘들어서 이번 시즌을 끝으로 대를 접을 것이란 소문이 무성한 선수였다. 그런 선수를 골랐으니 아니나다르랴, 후줄그레한 늙은이가 옆구리를 슬쩍 찌르면서 "보슈! 그 선수 라이방 쓰고, 지하철에서 찬송가 부르는 지 오래 됐시다. 보아하니 물때 표 읽는 게 아직 서투신 것 같은데, 내가 확실한 소스를 줄 테니까, 이기면 차비나 좀 주슈. 여기 간부로 있는 내 후배한테 받은 건데, 오늘 '가기' 로 한 '키라' 를 찍어 드릴께"하고 달라붙었다. 내가 아무런 반응을 보이지 않자 늙은이는 "이 바닥 선배 말을 안 들으면 너두 머잖아 내 짝이 된다. 너는 오늘 보나마나 암표다" 하고 악담을 하면서 돌아섰다.

그러나 나는 경조 사상 최고의 배당을 터트렸다. 그동안 마누라 알게 모르게 갖다 바친 돈의 수천 배가 넘는 대박이었다. 그것은 결코 요행이 아니었다. 아까 경기 전에 본 주 선수는 배코를 치고 있었고, 그의 처절한 삭발투혼에 배팅한 것이 적중한 것이었다. 축하한다는 소리를 수없이 들으며 나는 경조장 주변의 포장마차촌으로 사람들을 몰고 갔다.

술을 마시면서 7~80년대 한남동의 추억을 간직하고 있는 올드 팬들은, 주선수를 외면했던 자신들의 실수에 분통을 터트렸고, 한남동의 전성기를 모르는 젊은이들은 과거에는 물가에 앉아서 '세월을 낚고', '정신수양께나 했었다'는 도인道人 비스름한 옛날 조사들의 이야기를 들으면서 긴가민가하고 있었다.

많은 사람들이 술을 마구 권하는 바람에 억병으로 취한 나는, 일일이 택시비를 넉넉하게 집어주고 내 스쿠터 뒤에 앉아서 편안하게 집으로 돌아왔다. 경조장에서 오토바이만 전문으로 대리운전을 하는 기사에게 '집까지 잘 데려다 줘서 고맙다'는 인사도 잊지 않았다.

낚시꾼 김필의 세상읽기

사람들 풍경

"삼만 평 남짓한 저수지에 새카맣게 깔렸던 사람들이 어느덧 몇 십 명 단위로 옹기종기 모여 있는 걸로 봐서, 그들도 과거의 직장단위로 뭉쳤음이 분명했다. 퇴직금도 제대로 못 받고 하루아침에 실업자가 돼버린 사람들과 그 가족들이, 얼어붙은 시베리아의 유형지 같은 장소에서 만났으니, 술 없이는 그동안의 안부조차 물어 볼 수가 없었다. 그리고 제각기 자신들의 썰매에 소주 서너 짝씩은 담아 싣고 있었으니, 평소엔 술을 전혀 못했던 주부들도 겁 없이 받아 마시고 눈이 풀려 가고 있었다. 술이 들어가면 언제 어디서나 으레 시끄러워지기 마련인데 그들은, 악상惡喪을 당한 상가의 조문객들처럼 묵묵히 어묵 안주에 술병만 자빠트리면서 눈시울이 벌게지고 있었다."

—〈IMF 시대의 얼음낚시〉 중에서

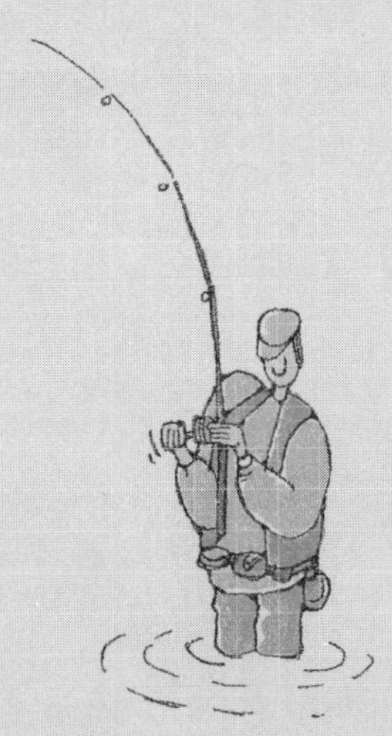

PART Ⅱ
한 고비 넘으면 또 한 고비

사람들
풍경

PART Ⅱ
한 고비 넘으면 또 한 고비

죽어봐야 저승을 안다 08

영결종천永訣終天. 사람들은 모두 돌아가고, 외진 골짜기의 여울에 던져 진 국화송이들도 물결 따라 흐르다가 마침내 가라앉았다.

그리하여 식민지의 백성으로 태어 나, 해방직후의 혼란과 6 · 25 동란, 자유당의 부정부패, 유신암흑과 도둑놈들의 5, 6공. 그리고 징글징글했던 IMF를 골고루 겪어, 나름대로 파란만장했던 신상구 씨의 영가靈駕도 저승길 초입의 산모롱이로 접어들었다.

석양을 받아 만장처럼 길게 늘어진 제 그림자 외엔, 그날사말고 길동무도 없는 초행이었지만, 열명길, 또는 십분노명왕十忿怒明王 길이라고도 하는 그 길은 이정표도 필요 없는 일방통행이어서 앞만 보고 터벅터벅 걷기만 하면 되었다.

걷고 걸어서, 염할 때 길양식 하라고 입안에 가득 넣어준 쌀알들이 불어 터져서, 되다 만 죽처럼 됐을 무렵에는 저승 강을 건너는 나룻배에 실려 있었다. 배 이름, 즉 선명船名이 '지나야 할 길 이미 지나고, 끊어야 할 걱정 일절 떠나, 모든 얽매임에 벗어 난 사람, 그 자취 찾을 길 없다. 허공을 날아 간 새의 그 자취 찾을 길 없듯' 이라는 법구경의 한 대문을 그대로 갖다 붙인 것이어서, 벼락죽음을 하는 바람에 자기가 어떻게 되고, 또 어디로 가는 줄도 몰랐다가 그걸 보고서야 비로소 끝장이 나버렸다는 것을 알고, 뱃전에서 발버둥치며 엉엉 우는 영가들도 여럿이었다.

그로부터 두어 달이 지난 어느 날 아침, 초상 치르기 전의 건강한 모습을 되찾은 신씨 영가가 정수리 위에 신품 동그라미 하나 얹어 놓고 그 나루터에 다시 나타났다. 천당이나 극락은 지은 죄가 많아서 안 되고, 지옥으로 보내기에도 함량(?)미달인 어중때기들은 취사, 청소, 세탁, 기타 등등의 허드레꾼으로 쓰이는데 그는 저승 강 나루터의 하염없는 길라잡이가 된 것이었다. 하루도 끊이지 않고 저승강 나루터에 부려지는 수많은 영가들은 어린 것, 늙다리 할 것 없이 죄다 첫경험이어서 한사코 몸을 사리고, 동서남북을 몰라서 우왕좌왕하기 때문에 반드시 길라잡이들이 필요한 것이었다.

"야! 신입 이리와!"

인사과 도깨비가 대충 일러 주고 가버리는 바람에 이리저리 헤매고 있던 신씨영가를, 갈대밭 저쪽에서 그리운 모국어로 부르는 묵은 영가가 있었다. 그는 신씨영가가 백여 개 국에서 온 각양각색의 영가들과 섞여서 이 나루터에 내렸을 때, 한눈에 한국산(?)인줄 척 알아보고 말없이 손가락만 까딱거리던 바로 그 물건이었다.

"이거 들고 따라와!"

다짜고짜 반말인 그는 보리 가루 같은 것이 가득 담긴 바구니를 발로 툭툭 건드렸다.

"예! 다른 건 더 없습니까?"

이승에서 환갑 진갑 다 지내고 온 신씨영가에게서 우두둑하고 뼈마디 결리는 소리가 요란했지만 바구니를 챙기는 동작은, 빨리 달리다가 빨리 이곳으로 오게 된 폭주족들 못지않게 동작이 빨랐다. 저번에 길라잡이 소양교육장의 화장실에서 마주친 어느 귀신에게 담뱃불 좀 빌리자고 했다가 오지게 당한 뒤론, 누구 앞에서든지 항상 굽실거리는 버릇이 생긴 거였다. 손자뻘로 보이던 그것이 계백장군 휘하의 결사대 선봉장 출신인 것은 나중에 화장실 뒤에서 한참 걷어 채이고 나서 알게 되었다. 그 일을 겪은 뒤론, 젊어서는 말 보다 주먹이 더 빨랐고, 경로당에 입당해서도 으레 아랫목 차지였던 신씨영가의 성질마저도 완전히 죽어버렸다.

서로의 과거를 묻지 않는 것이 이 바닥의 불문율이었지만, 묵은 것은, 인색한 주인이 늦잠 자고 나온 머슴 째려보듯이 신씨영가를 위 아래로 한번 쓰윽 훑어보곤 갈대밭에 감춰놨던 낚싯대만 챙겨 들고 앞장서서 가고 있었다.

나루터에서 제법 떨어진 수초 밭까지 와서도 말없이 바구니만 낚아 챈 묵은귀신은, 곡물가루로 떡밥을 만들어서 그림 같은 모습으로 낚싯대를 휘둘렀다. 무당들이 한참 쓰고 버린 것 같은 오죽잖은 대나무 낚싯대는 그렇다 쳐도, 찌라고 생긴 것이 80년대 중반 충주호 전성기때 잠깐 선 보였던 것들보다 한발이나 더 긴 괴상망측한 것이었다. 그때까지 말 한마디 없는 것이 보나마나 말 못하고 죽은 귀신일시 분명한데, 그 귀신은 그 물건들을 가지고 또 보도 듯도 못한 낚시를 하고 있었다.

낚싯대를 휘두른 다음, 물속으로 완전히 잠겼던 그 잘난 놈의 찌가 천천히, 아주 천천히 올라오고 있어도 그냥 보고만 있었다. 한 마디, 두 마디, 세 마디……. 기어코 밑둥까지 다 올라와서, 몸도 못 가누는 술꾼이 길바닥에 나자빠지듯 하면 그때서야 또다시 미끼를 새로 달아서 던지고, 던지고 하는 거였다. 그렇게 한참을 저 혼자서 잘 놀다가 느닷없이 제 자랑을 늘어놓는데, 그는 결코 말 못하고 죽은 귀신이 아니었다.

“이게 바로 올림낚시라는 거야! 중층낚시는 일본에서, 내림낚시는 대만인가 어디서 개발 했다며? 그러면 조선 낚시꾼들은 뭐야? 허구 헌 날 그놈의 정신수양 타령이나 하고, 달을 낚네, 세월을 낚네, 풍류네 어쩌네 하면서 바닥낚시로 뻘바닥이나 헤맬 거야? 자존심이 걸린 문제잖아? 잘 봐! 저것이 일 미터 팔십 센치, 대충 여섯 자짜리로, 무게 중심이 제일 밑에 있는 진짜 갈대 찌란 말야. 찌맞춤을 할 때, 봉돌을 찌 부력보다 조금 작은 걸로 달고, 찌를 목줄 바로 위에까지 내리면 봉돌이 바닥에 닿자마자, 서서히 미끼를 달고 올라오면서 수심 전체를 카바 한단 말씀이야. 일정한 속도로 올라오던 찌가 갑자기 불쑥 솟는다던가, 물속으로 쏘옥 잠기면 그때 채는 거야. 내 자랑이 아니라 염라대왕배 낚시대회에서 30회 이상 우승한 선수는 중국출신 강 아무개 영감님하고 나 밖에 없어! 그리고 또, 반디불이를 산채로 잡아서 찌톱에 달고 하는 밤낚시도 그렇고, 찌를 도깨비 사타구니에 끼우고 한참 동안 마찰을 해서, 시퍼런 도깨비불이 옮겨 붙은 야광찌도 내 발명품이지! 어? 어? 앗싸아……. 응? 이런 제에미……. 하! 고것들, 꼭 이럴 때 입질을 한단 말야. 초장부터 이거 왜 이래?"

십리에 한 걸음, 오리에 한 걸음 하는 식으로 마냥 뭉그적거리며 올라오던 그 잘난 놈의 찌가 녹작지근한 봄날, 앞서 가는 암소 보고 환장한 황소의 그것처럼 불쑥 솟아올랐지만 염라대왕배 낚시챔피언(?)의 챔질은 어설프기 짝이 없었다. 체면을 구긴 저승강의 낚시 챔피언은, 우두둑하고 애꿎은 손가락 관절만 꺾어 대고 있었다. 인상도 더럽고, 성질도 고약한 것 옆에서 쪼그리고 있던 신씨영가는 그 자리를 빠져 나갈 궁리만 하다가 소변 마려운 척 하면서 슬며시 뒤로 빠졌다.

"저기요, 지금 배가 들어 올 때가 됐는데 제가 먼저 가서 준비를 하겠습니다. 다른 나라 안내원들도 벌써 메가폰 챙겨서 나루터로 가고 있는데요."

그때 또다시 헛손질을 한 묵은 귀신은 이를 부드득 갈면서 신씨영가를 노려봤다.

"임마! 그 아이들 하고 우리 하고 같아? 다른 나라 송장들은 평소에 즐겨 입고 아끼던 옷을 정성껏 빨고 다려서 나들이 가는 놈들같이 하고 오기 때문에, 일일이 말을 시켜 보기 전에는 국적을 알 수가 없지만 우린 그럴 필요가 없어! 일본송장들이 하얀 명주로 된 수의을 입고 오지만, 하얀 색은 중동을 비롯해서, 여기저기서 워낙 많이 입혀 보내기 때문에 완전히 헷갈리고, 아프리카 쪽은 완전히 총천연색이야. 복장 자율화라구! 그리고, 소련의 레닌, 중국의 마오,

월남의 호지명, 조선민주주의인민공화국의 김주석도 인민복이나, 양복차림으로 방부처리 잘 된 진열장에 누워 있잖아! 그러나 우리는 달라. 반만년의 유구한 역사와 전통을 자랑하는 나라에서 언젯적부터 입혀서 보내기 시작했는지는 몰라도, 애나 어른이나 일단 밥숟가락 놨다하면 제일 먼저 챙기는 것이 누리끼리한 삼베 가다마이잖아. 국산으로 해 줄 형편이 못되면 중국산일망정 악착 같이 삼베로 친친 감아서 보낸단 말씀이야. 그리고 또 북쪽 아이들은 한결같이 윗도리 왼쪽에 배지를 달고 있거나, 아니면 달았던 자국이 선명하게 있어서 금방 표가 난다구. 그러니까 시각장애만 아니면 조선 송장은 오 분 안에 다 가려 낼 수가 있어. 천천히 가도 되니까 자꾸 말 시키지마!"

땅바닥에 그림까지 그려 가며 송장국적 감별요령을 숙지시키던 묵은 귀신은, 갑자기 마음이 변했는지 신씨영가 혼자서 가라는 것이었다.

"이것들이 네가 있어서 낯을 가리는 모양이다, 난 이런 꼴 당하고는 그냥 못 넘어가니까 너 지금부터 내 말 잘 새겨듣고 혼자서 해봐! 어중이떠중이들 아무나 붙들고 '어디서 왔느냐?' 하고 백날을 물어 봤자 내 목만 아파. 그러니까 아까 말 한대로 일단 삼베하고 배지를 골라내란 말씀이야. 그런 다음에는 그중에서 또 '셀프' 들, 즉 스스로 제 명을 재촉한 놈들을 가려내서 영창부터 보내야 하는데 그걸 신속하게 찍어내는 요령이 또 있어. 에또, 가설 라니, 일단 백사장에 한 줄로 세워 놓고 한 놈도 빠짐없이 소변을 보라고 해!"

묵은 귀신은 단물 다 빨아 먹은 애인에게 엉뚱한 트집을 잡아서 헤어지자고 하는 바람둥이처럼 이쪽은 쳐다보지도 않고 제 할 말만 하고 있었다.

"소변은 왜요?"

"이것 보게? 너 군대생활 어디서 했어?"

"60년도 초에 강원도 원통에서 근무했습니다. 그것도 계속 기피하다가 둘째 놈 돌잔치 하던 날 끌려가서 고생 죽도록……."

"바로 그거야! 너 지금도 그때 생각을 하면 목이 메이지? 제대하는 순간부터 강원도 쪽으론 쳐다보기도 싫고, 한동안은 오줌도 그쪽 방향으로는 안 쌌지?"

"어휴! 물론이죠. 다른 사람들은 어땠는지 모르지만 저는 그런 생각이 한 십년은 가던 걸요."

"그러니까 잘 들어! 자연사, 병사, 비명횡사 등등 좌우지간 사(死)짜들은 쌀 때 한결같이 물가에 대고 싸면서 '동작 그만!' 할 때까지는 하염없이 강 건너 저쪽만 보게 돼있어. 그러나 자살, 즉 셀프들은 서서 누던지, 쪼그리고 앉아서 보던지 간에 한결같이 이쪽으로 돌아서 볼일을 보니까 물어보고 자시고 할 것도 없이 곧바로 찍어낼 수가 있단 말씀이야. 배가 들어오는 모양이다 얼른 가봐! 혼자서 직접 부닥쳐봐야 일도 빨리 배우는 거야. 알았지?"

"예! 실수 없이 잘 해 보겠습니다."

"아참! 간혹 가다가, 눈텡이가 밤텡이 되도록 얻어터지고 홀랑 벗고 오는 것들도 있는데 그것들도 국산이니까 꼭 데려와야 해! 안동포에 금실로 누빈 수 천 만 원짜리 수의를 입고 오다가, 마적이나 산적 출신중에서 이승이나 저승, 어느 곳에도 발 부치지 못하고 구만리장천을 떠돌아다니는 중음신中陰神 들에게 걸려서 털리고 오는 것들이니까 누드도 무조건 국산이다 알았나?"

"예! 확실하게 하겠습니다!"

신씨영가는 업무요령을 구구단 외우듯 하면서 나루터를 향해 힘차게 달려갔다.

'일, 삼베. 이, 배지. 삼, 소변. 사, 누드. 일삼 이배 삼소 사누, 일삼, 이배, 삼소, 사누, 일삼, 이사…….'

그러나 처음부터 잘 해보려고 열심히 노력했던 신씨영가는 그날 저녁부터 이튿날 아침까지 '죽어 봐야 저승을 안다!' 는 복창소리와 함께 엄청난 강도의 얼 차렷을 받고 쭉 뻗어 버렸다. 묵은귀신의 둘도 없는 보물인 그 낚싯대—무싯날은 물론이고, 설이나 추석 같은 명절에도 멀건 죽 한 사발을 조선간장 한 가지로 반찬 했던 극빈자. 그리하여 끼니 때 마다 젓가락은 아예 상에 올라오지도 않고, 노다지 몽당 숟가락 하나로 버티면서 대쪽같이 살다가 간 선비의 무덤 옆에서, 그것도 백 년에 딱 한마디씩만 자란다는 전설 속의 대나무— '선비죽' 으로 만들었다는 그 낚싯대가 부챗살처럼 너덜너덜해지도록 얻어맞았던 거였다.

하필이면 그날따라 잘빠진 졸부들의 애인, 내연녀들 서너 명이 홀랑 벗고 온 것이었다. 그럴 경우에는 반드시 경험 많은 고참이 자질구레한 모든 것까지 완벽하게 수습을 하고 난 다음에 저쪽에 인계한다는 것을 알 턱이 없었다. 그리하여 강바람 쐬러 나왔던 도깨비들이 그것도 뿔이 두 개 씩이나 달린 도깨비들만 횡재(?)를 했던 거였다.

PART Ⅱ
한 고비 넘으면 또 한 고비

제목 없음無題 09

"우리 미식迷息들두 야중에 저런 미시족 돼설랑은 애미, 애비 저기 시킬깨미, 저런 것만 보믄 당최 속이 미슥거려서 죽겄다니께."

사람이 들어오는 것도 모르고 유선방송의 주부에어로빅대회에 넋을 놓고 있던 나는, 욕쟁이 장성범이 앞자리에 털썩 앉아서 시선을 가릴 때 까지도 TV 화면만 뚫어지게 쳐다보고 있었다.

"잡늠 출신에 낚시방 총무두 그만침 했으면서. 그늠으 어분냄새는 물리지두 않어?"

장은 인사 삼아 담배를 권하면서, 볼 적마다 하는 소리로 그 동안의 안부를 대신하고 있었다.

"그 향기가 어때서?"

마침 제일 잘 빠진 아줌마들이 결승전을 하고 있는 중요한 장면이라서, 나는 목을 길게 늘여서 장성범이 뒤쪽의 화면을 놓치지

앉고 있었다.

"네라이, 잡늠! 나넌 향어낚시 허고 온 날 밤이는, 마누라가 아무리 밤화장을 곱게 허구 코맹맹이 소리럴 해두, 막상 이불 속이서는 어분 비스름헌 냄새가 날 깨미 바짝 긴장이 돼더먼, 하여거나 니늠은 이것이 천직이여, 천직! 테레비 저기 허기 전에, 얼릉 일어나서 이거나 고쳐."

공휴일이나 국경일에도 작업을 하는 건설하청업자여서 여간해서는 시간을 못 내는 그가, 한창 일 할 시간에 초릿대가 꺾인 3칸대를 고치러 온 것이 아무래도 이상했다.

"이 시간에 어쩐 일이야?"

"시벌! 병원에 갔다가 오는 질에 잡늠 죽었나 살었나 궁금해서 들른 거여!"

"병원은 왜? 인저는 미식들 그만 맹글라구 부랄 까구 온다남?"

나는 그의 사투리를 흉내 내면서 다방에 커피를 시켰다.

"나 시방 농담헐 기분 아녀……. 아르바이트 나왔던 학생늠이 사다리에서 떨어졌는디, 엑스레이 찍어 봉께 복합 골절이랴. 그늠 일당에 치료비 할래, 돈 백 이상은 좋이 날러 갔어. 시벌!"

"이런 미련한 사람! 그런 일을 왜 자네 주머니 돈으로 해결 하는 거야? 하청 준 종합건설 회사의 산재보험으로 처리하면 되잖아?"

내가 아는 척을 하자 장의 얼굴에는 순식간에 벌건 노을이 지고 있었다.

"어설픈 용두질에 자지 부러트릴 소릴랑 그만 허구, 그거나 어여 고쳐!"

장은 만사가 귀찮다는 듯이 소파에 길게 누워서, 탁자 밑에 모아놨던 신문 한 장을 꺼내서 얼굴을 덮었다. '아니면 말지, 멀쩡한 남의 연장은 왜 걸고 넘어 지는 거야?' 내가 혼잣말처럼 중얼거리면서 O사의 보론 낚싯대의 뒤 마개를 열고 있을 때, 이번 기초단체장 선거에서 낙선한 김두태가 낮술에 절은 얼굴로 가게 문을 발로 밀면서 들어왔다.

김 낙선자는 영세상인들 가게에 보호비 걷으러 온 똘마니처럼, 양손을 바지주머니에 넣은 채로 건들거리며 가게를 둘러 봤다. 장성범이와는 둘도 없는 앙숙인 김두태가 술까지 마시고 들이 닥쳤으니 나는 신경을 바짝 곤두세웠다. "그 고물은 어떤 놈 꺼야?" 하고 내가 만지고 있는 낚싯대를 가리키는 그에게, "장성범이 수리하러 온 거야!" 하고 나지막하지만 분명히 알아듣게 말을 하면서 턱으로 소파를 가리켜도, "그 물건 아직도 노가다 십장하나?" 하고 사태 파악을 못하는 거였다. 장성범이 저번처럼 "그려! 나 노가대허는디, 범죄조직 '정의사회구현파' 으 머슴 노릇이나 허던 니늠이, 어찌서 내 안부를 묻는겨?" 하고 멱살잡이를 할까봐 조마조마해서 초릿대만 만지작거리고 있으려니 아니나 다를까, 장성범이는 얼굴을 덮고 있던 신문을 쓰윽 젖히고 자신의 건재를 확인시키고 있었다. 김두태도 자장면 빈 그릇이나 덮어 놓은 줄 알았던 헌 신문지 밑에서, 보고 싶지 않은 얼굴이 나타나자 죄 없는 나에게 눈을 흘겼다. 근질거리던 판에 잘됐다는 듯이 몸을 일으키던 장성범이가 갑자기, 한손에 들고 있던 신문에 코를 박았다.

"뭐여? 해외토픽란에 늘씬한 비키니 사진이락두 실렸남?"

나는 어색한 분위기를 바꾸려고 농담을 하면서 두 사람의 중간에 끼어들었는데, 묵묵히 신문만 보고 있던 장이 "이건 복지부동두 아니구, 복지 반동이여 나쁜 늠덜!" 하고 보던 것을 와락 구겨 버리는 것이었다.

"도대체 뭘 보고 그러는 거야?"

한고비를 넘긴 나는, 장이 구겨서 던져버린 신문을 주워서 찬찬히 살펴봤다. 그것은 닷새 전인 1995년 6월 24일 토요일에 발행된 신문이었다. 신문하곤 담 쌓고 산다는 인물이 충격을 받을 만한 기사가 뭔지 궁금해서 꼼꼼하게 훑어보다가 '산재 감소! 사망자는 증가. 1분기 540명 숨져!' 라는 활자가 눈에 확 들어왔다.

"이거 보구 그런 거야?"

내가 그 기사를 가리키자, 나이에 비해 10살은 더 먹어 보이는 장의 얼굴이 제가 보던 신문처럼 구겨지고 있었다.

"올해, 일사분기 슥달 동안에, 산재루다가 저기헌 노동자가 오백 사십 명이구, 그중이서두 근설업에서 죽은 이가 자그마치 백 마흔 여덟인디, 작년 같은 기간에 비해서 쉰 명이나 늘었댜!"

그의 입에서는 어느새 불김을 뿜어대고 있었다.

"그게 어디 하루 이틀의 일이야?. 자네 혹시 신경쇠약 걸린 거 아냐?"

나는 수리를 끝낸 낚싯대를 부드러운 천으로 닦으면서 시큰둥하게 말했다.

"잡것! 신문을 어디까장 보구 고따우 소리럴 허는 겨? 오백 사십 나누기 슥 달이면, 한 달 삼십 일, 슥 달에 구십잉께……. 구 오는 사십 오, 구 륙이 오십 사. 그려! 하루에 여섯이여! 총 쏘는 소리두 없이 하루에 여섯 명 쓱 죽어 나가는 판인디, 거기에 대한 대책을 세울 생각은 안허구 책상머리에 앉아서 숫자놀음만 헌단 말여……. 사망자가 작년버덤 쉰 명이나 늘었으면, 부상자는 즉어두 천 명 이상이 늘어야 원측인디, 다친 사람은 까꾸루 천명 이상이나 줄었고, 재해발생률도 영 쩜 영 사 뽀인또 줄었다는 내막과 흑막이 뭔중 알어?"

"……."

"왜 대답을 못 혀? 내가 니 말대로 부랄 까러 병원에 갔다 온중 아네? 산업재해가 많이 발생하는 근설사는, 정부가 발주허는 공사으 입찰자격에 불이익을 준다니께, 인간 백정 비스럼헌 것들이 노동자들 구만 죽일 생각은 안 허구, 서류 상으루만 재해발생률을 줄여버렸단 말여. 워치게 그런 계산이 나올 수가 있느냐 허면, 사망이나 중상이 아니구, 생명에는 지장이 없이 마빡이나 깨지구, 팔 다리 부러지구 저기헌 사고는, 산재 보험으루 처리를 안 허구, 힘없는 하청업자들 헌티, '우리 공사 계속 허고 싶으면, 너네 식구는 죽이든 살리든, 너네가 알아서 처리해라.' 허구 떠넘긴단 말여……. 에어로빅 보는 거 허구 달라서, 이해가 잘 안 돼지? 가령 으료보험공단이 적자가 누적 되설랑은, 실무자들이 대가리헌티 되게 당했다구 가정을 해 봐. 게 책상머리에 앉그서 볼펜이나 대이구 돌리다가 생각해 낸 것이, 무주택자들이 으료보험 혜택을 자주 보면, 야중에 아파트 분양 받을 적에 불이익을 준다는 대책을 맹글었어. 그렇게 되면 죽을 병에 걸려서 이판사판이 아닌 다음이야, 으료보험찡 챙겨서 병원 가구, 약국에 가것어? 서민아파트 한 채럴, 외꽈에 가서 아까징끼 바르구, 실만 있으면, 집이서두 뽑을 수 있는 충치 때미 치꽈에 가구, 지침 헌다구 약국 가서 받아온 감기약 한 봉다리 허구 바꿀 배짱 있것어? 너라면 허것네, 허것어?"

"안하지!"

"못하지!"

이번에는 김두태도 펄쩍 뛰었다.

"그렇지? 너두 열 받지? 그러니께 시방 어설프게 저기헌 노동자들은, 옛날버덤 더 열악한 조건에서 신음 헌다는 말이여! 이러니께 복지반동이라는겨. 다른 것들두 마찬가지지마는, 우선은 이거 발표헌 이것들 버텀 저기 허야여. 그래서 절약되는 그것들 봉급허구, 또 명절이나 휴가철에 민간업자들이 그것들 헌티 갖다 바치는 엄청난 뇌물을, 산업현장 안전관리에 투자허구, 또 근로복지에 돌린다치면, 산재발생률 영쩜 영 사 뽀인또가 아니라, 사십, 사백, 뽀인또 까장도 줄일 수 있어. 내가 장담 한다니께!"

"그래도 그렇지. 거기 말 대로 노동부를 해체해 버리면, 평생 먹을 것 장만 못한 한직에 있던 사람이나 청백리들은 어떻게 해?"

어떻게 나오나 보려고 한마디 한 것이 사그라지던 불길에 기름을 부은 꼴이 돼 버렸다

"그것들 여편네들을 전부 너 보구 책음 지라구 헐깨미 걱정이여? 원자폭탄이 터져두, 사망자 버덤 부상자가 수백, 수천 배 더 많이 발생허구, 고물 버스가 절벽이서 까꾸루 처박혀서 수십 명이 다

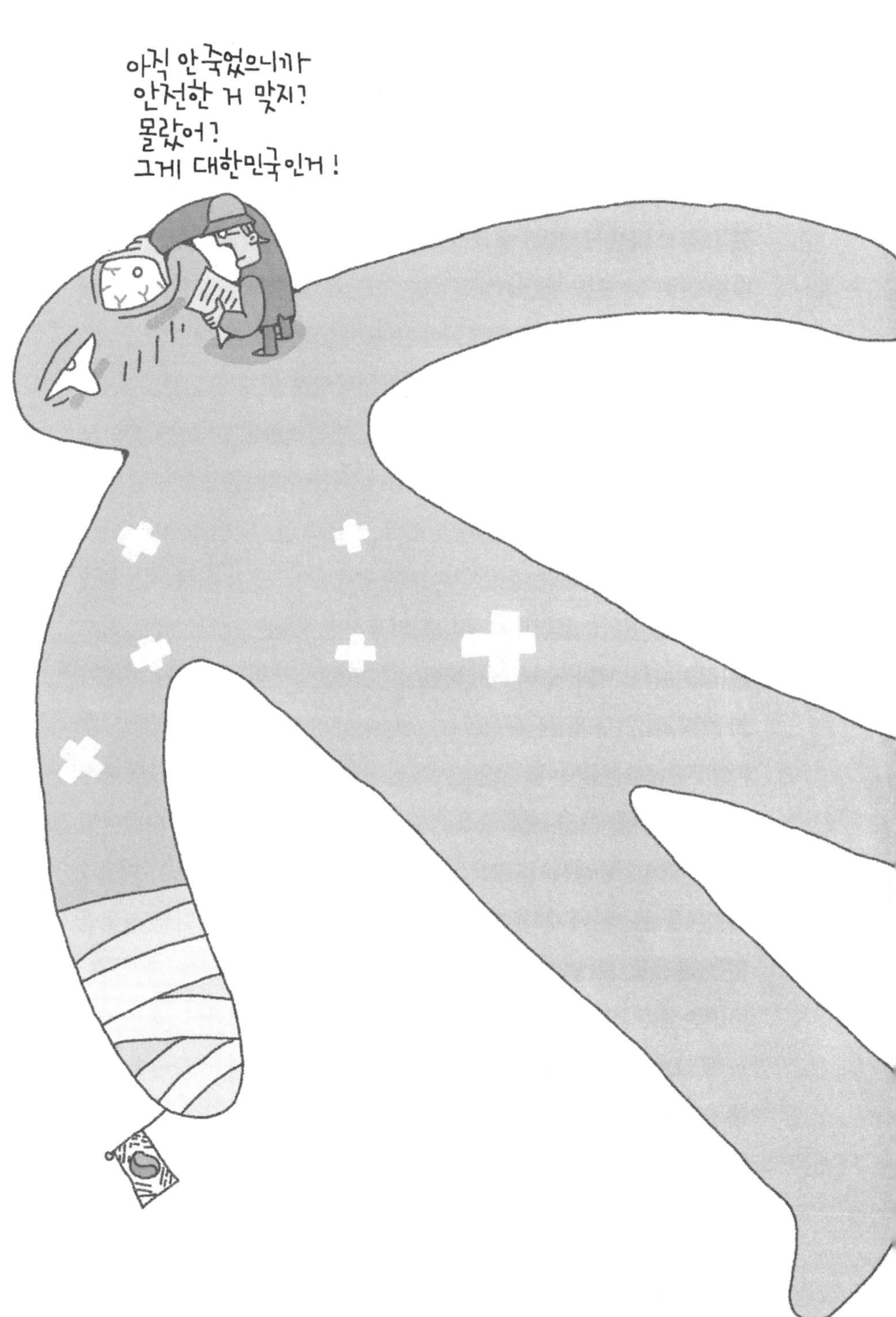
아직 안죽었으니까
안전한 거 맞지?
몰랐어?
그게 대한민국인거!

쳤을 적이두, 다행히 사망자는 한 명도 없을 적이 허다 허잖여. 그런디 사망자는 오십이 더 늘었는디도 부상자는 한참 뒤루 빠꾸해설랑은, 천 명이나 줄었어? 더 기가 맥히구, 개갈 안 나는 소리는, 안전교육이 미비해서설랑은 사망자가 더 늘었다는겨! 이것이 말이여, 막걸리여? 그것들 말대로라면 죽은 이들은 안전교육시간에 불참했거나, 그 시간에 졸았던 근로자들이라는 소리배끼 더 돼여……. 그것들이 노동부 소속이었으니 망정이지, 국방부 거시기였으면, 육 니오 사변, 지리산 공비토벌, 월남전, 대간첩작전중에, 전사헌 장병들두 '안전수칙'이나 '교전규칙'을 지키지 않아서, 날아오는 총알을 미쳐 못 피 허구 장렬한 전사를 했다구 헐 놈들 아녀! 그 바닥이서 정상적인 늠, 한 늠만 있었어두 그런 발표는 낯 뜨거서 못 혀! 하늘이 무서워서두 그런 짓 못 혀! 증 억울허면 '나넌, 정상이유!' 허고 손들고 나와 보라구 혀. 다 마찬가지지마는, 근설현장이서 재해가 왜 그렇게 많이 발생허는디?"

"왜긴 왜야? 여기 신문에, 안전교육이 미비해서 그렇다잖아……. 가만, 그러구 보니까 조금 이상하네, 안전교육이 미비하면 부상자도 더 발생해야 원칙인데……. 이거 좀 그렇네……. 아, 맞다! 근로시간은 세계 최장인데, 수입은 보잘 것 없어서 비관 자살을 하는 바람에, 부상자는 줄었어도 사망자는 늘어 난 것 아닐까? "

분위기 파악을 못하는 김두태가 그것도 농담이라고, 유가족들이 들었으면 맞아죽기 딱 좋은 소리를 했는데 엉뚱하게도 불똥은 나에게 떨어졌다.

"지랭이 장수! 너 아가리 닥치구 있어. 현장이서 사람들이 왜 자꾸 죽어 나가는디? 삼척동자들두 다 알다시피 하청, 재하청 재재하청은 기본이구, 이늠 와서 뜯어 가구, 저늠 와서 걷어 가구, 접대 고스돕에, 또 매달 거시기허는 '월례비' 란 것이 있어. 다달이 예의럴 채린다는 뜻인지, 뭔지는 모르것지만, 증 알고 싶으면 현장 책음자나 감리 출신덜 헌티 물어보믄 친절허게 일러 줄껴! 사정이 이러니께, 그렇게 저렇게 빠져 나간 돈을 벌충허자면, 만만헌게 홍어 좆이라구, 현장 근로자들만 족치는겨, 이북의 '천리마 운동' 이나 '천삽 뜨기 운동' 은 명함두 못 내밀 껴. 게, 안전시설이나 대책은 처음버터 생각두 못 허구, 인원은 최소한으루 줄이구, 노동시간은 최대한 늘려서 작업을 시키니께, 빽 허믄 깔려 죽구, 실타래 마냥 엉켜서 사방에 널려 있는 즌기줄에 감전 되구, 안전표시판 하나 없이 아가리를 쩍 벌리구 있는 에레베타 공간이나 이런 저런 구덩이루다가 삼천궁녀 매이루 떨어지구, 빠져 죽는디, 이런 사고는 즌기줄 벗겨 진 디다가 절연 테프 한번만 감아 주구, 위험한 장소에는 샌내끼 한 줄만 둘러 쳐 놔두, 인명사고는 백 프로 막을 수 있는 것이여. 그런디, 그걸 알면서두 못혀. 왜 못 허느냐? 손이 딸리구 시간이 없어서 못 허는겨. 돈은 이미 엉뚱한 늠덜 아가리로 다 들어 가 뻰졌으니께, 그런 것 저런 것 챙겨 가매 공사헐 여유가 없는 것이여. 그러니께 부실공사를 허구, 자재를 빼 돌려두 남는 것이 없어서, 문 닫는 근설업자들이 한 둘이 아니잖여……. '팔육 아시안 게임' 직전에, 전국적으루다가 가정집 즌기 백십 볼트를, 이백이십으루다가 바꾸는 승압공사를 했었는디, 우리 게서는 가구당 칠만 얼마가 책정된 것을 몇 다리 거치다 보니께, 실제루 즘봇대에 뺀찌 차구 올러 간 늠들은 가구

당, 만 이천원 쓱에 했다는 겨. 칠만 얼마 짜리를 만이천 원에……. 이런 식이여. 그런디, 어느 시러배아들놈이 부실이나 안전에 신경을 쓰것어? 그저 우물딱쭈물딱허다가 어지간허다 싶으면 싸게 손 털고 나오야여. 왜? 늦으면 저 버텀 먼저 깔려 죽게 생겼으니께……. 얼매여?"

장은 수리한 낚싯대를 들고 일어섰다

"됐어, 그냥 가."

김두태하고 우당탕 하기 전에 보내는 것이 상책이라서 지갑을 꺼내는 그의 등을 떠밀어도 장은, 바늘 묶음과 갈대 찌, 또 자기가 좋아(?)하는 어분도 골라서 굳이 계산을 하라고 했다.

"너 나 할 것 없이 다 썩었는데, 대충대충 살자구!"

"그려, 정권두 먼저 보구 먼저 잡는 늠이 장땡인디, 그까짓 냄새 나는 돈 몇푼가지구 따지구 들면 우습게 보이것지. 제 나라 백성들을 수 없이 죽이구 병신 만들었어두, 아무 탈 없이 잘 먹구 잘 사는 무리들이 살아 있는 한은, 부패구 부실이구 복지부동이구 도덕재무장이구 간에 암만 떠들어봤자 백년하청이구 내 입만……."

그 순간 TV에서 장성범이의 말문을 꽉 막아버리는 뉴스속보가 나오고 있었다. 바로 두 달 전의 대구 지하철에 이어서, 또다시 서초동의 삼풍백화점이 폭삭 주저앉은 기막힌 장면이 화면을 가득 메우고 있었다.

"저걸 어떡하나? 이미 죽거나 다친 사람들도 많겠지만, 저 엄청난 시멘트 덩어리 밑에 깔려서 구조를 기다리는 사람들도 많을 텐데……."

그때까지 입을 다물고 있던 김두태도 한마디를 하는데, 정작 장성범이는 혼잣말만 중얼거리고 있었다.

"믿을 것은 오직 하나, 제 몸뗑이 지구력 배끼 없는 나라가 여기 말구 또 있을라구……."

PART Ⅱ
한 고비 넘으면 또 한 고비

IMF 시대의 얼음낚시 10

아까부터 마누라의 눈치만 보면서 빈 재떨이만 하염없이 뒤적이던 이씨는, 저쪽에서 담뱃값 줄 뜻이 전혀 없음을 확인하고 아파트 복도로 나왔다. 들고 나온 재떨이의 꽁초들을 번갈아 붙여 가며 부족한 니코틴을 흡입하는 그의 두 눈은 벌게지고 있었다. 일 년을 기다렸던 얼음낚시가 시작됐어도 감히 낚싯대 꺼내 볼 엄두를 못 내는 것은 그렇다 쳐도, 하루에 담배 두 갑이 모자라는 골초가 삼일에 한 갑으로 버티자니 창살 없는 감옥이 달리 없었다. 추운데서 벌벌 떨며 이런 저런 생각을 하고 있던 이씨가, 갑자기 안방으로 달려가서 마누라의 치맛자락을 잡고 늘어졌다.

"어머? 이 이가 미쳤나봐! 죽만 먹고 살아도, 힘이 넘치나 보네!"

방바닥에 엎드려서 가계부 정리를 하고 있던 그의 아내는, 너덜너덜해진 가계부로 서방의 머리를 겁 없이 때렸다.

"그게 아니고, 지금부터 내 말 잘 들어. 빨리 슈퍼에 전화해서 컵라면 두 박스, 소주 한 짝, 담배 두 보루, 어묵 이백 개, 커피 다섯 통 배달 해 달라고 해. 돈이 모자라면 외상해. 내일이면 다 갚으니까, 빨리!"

남편의 실직과 동시에 밤으로 뒷물 안 해 버릇한 지 오래인 이씨의 아내는, 한 번 더 보채면 못 이긴 체 하고 모처럼 엉덩이나 가볍게 할 속셈이었는데, 벗길 생각은 않고 난데없는 소리만 주절거리고 있는 서방을 좋았다 말은 눈으로 째려보았다.

"흥! 돈줄은 끊겼어도, 돈 안 드는 취미 생활은 계속하는 줄 알았더니……. 꼭두새벽에 밥해 먹여서 새벽 인력시장에 내 보내도 땡전 한푼 못 벌고, 모닥불에 바짓가랑이만 태워 먹고 와서 사람 속을 뒤집더니, 이제 보니 바지가랑이 말고 다른 것도 홀랑 타 버렸나 봐. 물 한 사발 만 있으면 꿀떡꿀떡 잘 넘어가는 쫀득쫀득한 찰떡은 놔두고, 김치 없이는 못 먹는 라면 타령을 하실까?"

"그게 아니구, 얼음낚시야, 얼음낚시라구! 얼음판 위에서 개 떨듯하다가, 뜨끈뜨끈한 어묵이나 커피, 소주를 실은 썰매가 지나가면 안 먹을 사람이 없어. 그건 대한민국의 어느 누구보다도 내가 잘 알잖아. 당신도 어디야, 거기가? 그래! 재작년 이맘 때, 강화도 숭뢰 저수지에서 썰매에 싣고 다니는 어묵을 사 먹었었잖아! 맞지? 낚시꾼 열이면 열 명 다 사먹는데 그걸 알면서 그냥 있을 수는 없잖아. 인력시장은 나가봤자야. 그리고 금년 겨울은 무척 춥다니까, 얼음판에서 겨울 한 철 잘 벌면 목돈을 쥘 수 있어. 종환이, 종식이, 학원비도 못 내는데 같이 데리고 다니면 자연학습도 되고, 또 눈썰매장 가자고 보챌 일도 없으니 일석삼조라구, 일석삼조!"

긴가민가하던 이씨의 아내도 이래도 안 되고, 저래도 안 되는 판에 혹시라도 낚시꾼이었던 남편 덕을 볼지도 모른다는 생각에, 동네 슈퍼보다 물건 값이 헐한 대형할인마트로 달려갔고, 이씨는 두 아들과 함께 아파트 공터에서 대형 썰매를 만들면서 모처럼 즐거운 시간을 보내고 있었다.

이튿날 새벽, 간밤에 잠을 설친 이씨의 일가족은 중고시장에 내 놓을 엄두도 못 내고 주차장에서 썩어가고 있던 고물 자가용에 물건을 잔뜩 싣고 경기도의 ㄱ 저수지로 달려갔다. 핸들을 잡은 이씨는, 두툼한 돈 주머니를 차고 있는 아내 옆에서 짬짬이 낚시를 하고 있을 자신을 그려보며 콧노래를 흥얼거렸다.

시절이 아무리 하수상하다해도 낚시꾼들은 역시 낚시꾼들이었다. 해 뜨기 직전이라 사방이 아직 어둡고, 엄청나게 추운데도 저수지 입구서부터 사람들이 북적거리고 있었다. 승용차와 승합차가 벌써 삼사백 대는 몰려 온 것 같았다. 주차장을 한 바퀴 돌아 본 이씨는, 승용차 한 대에 두세 명, 승합차는 서너 명씩만 타고 왔다고 해도 천 명은 훨씬 넘을 것 이고, 그러면 오늘 장사는 자신들이 먹을 라면도 손님들 입으로 들어가서, 끼니를 거를지도 모른다는 행복한 고민을 하고 있었다.

트렁크에서 짐을 꺼내서 썰매에 싣고 예전에 즐겨 찾던 포인트에 진을 친 이씨는, 어묵이 익을 때 까지만 한다는 조건으로 얼음구멍을 뚫고 찌맞춤을 하고 있었다. 이제 초등학교 1학년과 3학년인 두 아들은 어묵이 먹고 싶어서 엄마의 눈치만 보다가, 칭얼거리고 졸라봤자 소용없다는 것을 알고 고추찌만 노려보고 있는 아빠 옆에 쪼그리고 앉았다. 이씨는 모른 척 하고 있었지만, 어른도 뜨끈뜨끈한 어묵 국물에 소주 한잔 생각이 간절한데 이 어린 것들은 오죽하랴 싶어서 개시만 하면, 마누라가 뭐라 해도 두 녀석에게 어묵 한 꼬치씩 물려주리란 생각을 하고 있었다.

얼음판 위에서 발을 동동 구르며 날이 훤하게 밝기만 기다리던 이씨의 아내가, 갑자기 외마디 소리를 지르며 철퍼덕 주저앉았다.

"아이고! 우린 망했다. 우린 망했어."

"뭐? 왜 그래?"

눈길은 여전히 얼음구멍에 가 있으면서 건성으로 물어보는 이조사의 얼굴로 시커먼 것이 날아왔다. 정신을 차리고 주위를 돌아보니 그의 아내는 또다시 뜯지 않은 컵라면으로 자신을 겨냥 하고 있었고, 얼음판 위에는 낚시꾼은 하나도 없고 죄다 김이 모락모락 나는 대형 썰매를 끌고 다니는 장사꾼들뿐이었다. 그것도 한결같이 부부동반에 썰매 앞뒤에는 철없이 얼음을 지치는 아이들이 한 둘씩 달려있었다.

무슨 말을 어떻게 해야 아내를 진정 시킬 수 있을지를 몰라서 억장이 무너지고 있을 때, 이씨의 가게(?)보다 훨씬 더 큰 썰매를 끌고 가던 사람이 그의 어깨를 툭 치면서 아는 체를 했다.

"이게 누구야? 이 과장. 나야, 나!"

"어? 전무님!"

잔뜩 껴입어서 서울역 지하도의 노숙자 같은 모습을 하고 있어도, 직장상사였던 박전무는 금방 알아 볼 수 있었다.

"허허허……. 죽지 않고 살아있으니까 이렇게 또 만나는구먼. 허, 허, 그래, 암! 살아남아야지. 무슨 수를 써서라도 살아남아야 돼. 그러나저러나 우리뿐만이 아니고, 우리 회사 낚시회원들은 물론이고, 거래처나 협력업체의 낚시꾼들도 여럿 만났어. 참! 여보, 당신도 인사해. 우리 회사에서 제일 유능한 과장이었어."

어정쩡한 모습으로 박전무의 안사람과 인사를 한 이씨는, 이러지도 저러지도 못하고 울상을 짓고 있는 아내의 손을 잡아끌었다.

"당신도 인사 드려. 마지막까지 회사를 살려보려고 애쓰셨던 전무님이셔."

집사람들끼리 신세타령을 하고 있을 때, 얼음판위의 두 남자는 서로의 썰매에서 어묵과 소주를 꺼내왔다. 그사이 날은 완전히 밝아서 썰매를 끌고 어슬렁거리던 사람들이 낯익은 얼굴들을 보고 하나 둘씩 몰려들었다. 불과 몇 달 전 까지만 해도 직장동료였다가 이제는 삭풍이 휘몰아치는 얼음판위에서, 어묵이 끓고 있는 썰매를 끌고 손님을 찾아다니는 동업자의 신세로 다시 만난 인원이 무려 열두 명이었고, 따라온 식솔들까지 합치면 대형 낚시버스 한 대로도 모자랄 형편이었다.

삼만 평 남짓한 저수지에 새카맣게 깔렸던 사람들이 어느덧 몇십 명 단위로 옹기종기 모여 있는 걸로 봐서, 그들도 과거의 직장단위로 뭉쳤음이 분명했다. 퇴직금도 제대로 못 받고 하루아침에 실업자가 돼버린 사람들과 그 가족들이, 얼어붙은 시베리아의 유형지 같은 장소에서 만났으니, 술 없이는 그동안의 안부조차 물어 볼 수가 없었다. 그리고 제각기 자신들의 썰매에 소주 서너 짝 씩은 담아 싣고 있었으니, 평소엔 술을 전혀 못했던 주부들도 겁 없이 받아 마시고 눈이 풀려 가고 있었다. 술이 들어가면 언제 어디서나 으레 시끄러워지기 마련인데 그들은, 악상惡喪을 당한 상가의 조문객들처럼 묵묵히 어묵 안주에 술병만 자빠트리면서 눈시울이 벌게지고 있었다.

"허어! 이거 큰일 났네, 큰일 났어. 죄다 차를 끌고 왔을 텐데, 저 빙판길을 어찌 빠져나가며, 음주단속은 또 무슨 재주로 피한단 말인가. 허어……."

박전무의 탄식에 모두 아차 했지만, 그때는 이미, 늦어도 한참 늦은 뒤였다. 또래끼리 모여서 얼음을 지치다가 지쳐버린 아이들은 집에 가자고 보채는데, 안사람들도 술에 취해서 미끄러지고 자빠지며 몸을 못 가누고 있었다. 사방에서 '나는 갈 수 있어.', '못 한다.', '차라리 우리 모두 이 자리에서 죽이고 가라.' 하고 아이들을 껴안고 악을 쓰는 아낙네들의 울부짖는 소리가 메아리쳤다.

바로 그때, 저수지 입구의 전신주에 까치집 비슷하게 매달려 있는 확성기에서, 약장사 아니면 뱀장사 출신이 분명한 사내의 안내 방송이 시작되고 있었다. '훅, 훅. 아! 아! 에, 오늘도 누추한 이곳을 찾아 주신 여러 사장님들께 오봉리 노인회관에서 잠시 안내 말씀 한 마디 올리겠습니다아. 여러분들이 현재 위치하고 계신 이 저수지에서, 계절의 진미(?)인 빙상낚시가 막을 올린 이후로다가, 과도한 음주를 하셨음에도 불구하고 취중에 핸들을 잡았다가 불행한 사고로 이어지거나, 단속에 적발되는 경우가 왕왕 있어서, 이 저수지를 관리하고 있는 저희들도 무지하게 고통스러웠음을 이 자리를 빌어서 밝혀 드리는 바입니다. 에, 또, 먹어서 기분 좋고, 또 건강에도 좋은 것이라면야 못 먹을 것이 어디 있고, 말릴 사람이 어디 있것습니까! 그리고, 이렇게 추운 곳에서 마시는 한 잔의 소주야말로, 진시황이 찾던 불로초에 버금가는 보약중의 최고 보약이지만서도, 한 잔이 두 잔 되고, 두 잔이 석 잔, 넉 잔, 한 병이 두 병, 세 병, 이렇게 마시다가 드디어 술이 술을 마시고, 술이 사람을 마셔 버리는 단계가 되면, 마주 앉아서 같이 마시던 사람도 두 번 다시는 볼 수가 없어! 이것이 뭔 소리냐? 술술 잘 넘어 간다 해서 술이 아니라, 아차! 하면 인생의 술래가 된다 해서 술이라고 하는 줄도 모르고 겁 없이 마시다간, 자신도 모르게 지상에서 영원으로 옮겨 가서, 달나라 계수나무 밑에서 이태백이 하고 대작하게 된다는 말씀입니다! 생각만 해도 끔찍하기 짝이 없는 이런 사건이 비일비재, 다반사로 발생하는 현실 앞에서 저희는 고민에 고민을 거듭 하던 결과, 에, 그 결과입니다. 저희 노인회관에서 여러분 가정의 안녕과 무궁한 행복을 위해서 이 달부터 대리운전반을 신설해서 봉사하기로 만장일치 합의를 도출하게 되었던 바입니다. 분명히 밝혀드리지만 저희는 담배값이나, 고스돕 밑천 벌자고 하는 것이 절대로 아니고, 첫째는 여러분의 안전한 귀가를 보장하고, 그 다음에 기사 인건비를 제한 나머지는 자선단체의 후원도 뚝 끊긴 채, 외롭고 힘겹게 이 겨울을 나고 계시는 독거노인들이나 소년소녀가장도 돕는다는 취지에서 이 사업을 추진하고 있는 것입니다. 그러니만큼 봉사료도 매우 저렴하게 책정했으니, 한

분도 빠짐없이 저희 베테랑 기사들을 불러 주시면 감사하겠습니다. 미군 제무시GMC서부터 신형 레저용 차량까지, 차종 불문하고 운전 경력이 풍부한 기사들이 많이 대기하고 있으니, 부담 갖지 마시고 상담을 해 주십시오. '남자는 배짱, 여자는 절개' 라고, 배짱으로 핸들을 잡았다가 뒤늦게 후회한들 무슨 소용이 있겠습니까? 부디 현명한 판단을 내리셔서, 저희 회관으로 왕림해 주시면 감사하겠습니다. 감사합니다. 이상은 오봉리 노인회관에서 알려드렸습니다. 감사합니다!' 술이 바짝 깨는 안내방송이 계속되는 동안 멋모르고 따라왔다가 본전커녕, 생활비마저 축 나게 생긴 주부들은 잔뜩 흐린 하늘만 하염없이 바라보고 있었다.

PART Ⅱ

한 고비 넘으면 또 한 고비

IMF는 귀신도 울렸다 11

"이봐! 황태. 그쪽은 어때?"

"……."

"이것 봐. 황태! 듣고 있는거야? 입질이 있는지 없는지 묻고 있잖아?"

"……."

"귀 먹었어? 사람 말이 말 같지 않아? 초장만 준비하면 빙어는 원 없이 먹게 해 준다더니 이게 뭐야? 이게 뭐냐고?"

얼음구멍을 열 댓 개씩이나 뚫고 돌아다니다가 기진맥진한 명태환은 초고추장을 안주삼아 병나발을 불고 있는 황태철에게 신경질을 부렸다.

"여기가 안 되면 다른 저수지로 옮겨 볼 생각은 안 하고 초장부터 초장 안주로 빨고만 있을 거야?"

"왜 자꾸 그래? 내가 지금 술만 있으면 됐지 안주 챙겨 먹을 정신이 어디 있어? 금년 겨울도 날씨가 지랄 같아서 황태 덕장이 재미 못 볼 것이 뻔한데 내 눈에 지금 뭐가 들어오겠어? 어른께서는 걱정 말라고 하시지만 날씨가 이러면 명태 살이 부풀지 않아서 황태는 제값을 못 받아."

황태철은, 황태 덕장을 하는 할아버지의 도움으로 부친에 이어 자신도 금배지를 달아 보겠다고 발버둥을 치는 젊은이였다. 금년에는 사무실도 열고 본격적으로 터 닦기에 나설 참이었는데, 삼한사온이 확실하던 옛날과는 달리 이상 난동이 계속돼서 동태가 제대로 된 황태가 될 가망은 없어 보였다. 국내산 명태는 구하기도 힘들고 금값이어서 값이 싼 원양태로 한다고 해도 본전 건지기가 어렵게 됐고, 이 상태로 가다가는 할아버지의 분신과도 같은 덕장까지 팔아야 선거를 치를 수 있을 것 같았다. 이렇게 돈줄도 막혀서 힘을 못 쓰고 있는 형편에 얼마 전에는 친하게 지내던 치과의사와 금전문제로 다투다가 경찰서 신세까지 지고 말았으니, 새해 첫날 각오도 다질 겸 머리 식힌다고 낚시터에 와서도 술 없이는 못 견디겠던 거였다. 할아버지와 마찬가지로 이래저래 심사가 편찮으실 부친 생각도 겹쳐서 한 모금 두 모금 하다보니 낚시고 나발이고, 차에 가서 히터 틀고 시트 젖혀서 자고 싶은 생각뿐이었다.

"어디 가는 거야 빙어가 나오기 시작하는데. 어휴! 이번에도 다섯 마리네, 일타 오피는 기본이구만."

깊은 곳에 머물던 빙어들이 햇살이 퍼지자 먹음직스런 구더기 미끼로 몰려드는 바람에 명태환은 신이 났다.

"차에서 눈 좀 붙이고 나올께!"

황태철은 비틀거리며 자신의 승용차로 가고 있었다.

낯선 길을 하염없이 가고 있던 황은, 놀이공원이나 테마 파크의 저승문 같이 꾸며 놓은 곳에 도착했다. 표도 없어서 들어가야 할지 말아야 할지 몰라서 머뭇거리다가, 사람들이 모여 있는 우물을 발견하고 그쪽으로 걸어갔다.

"저거 뭐야?"

바가지로 물을 마시고 있던 상투머리가 황을 노려보면서 턱 짓을 했다.

"뭐긴 뭐겠어? 삼베가다마이 한 벌도 못 얻어 입고 입은 채로 그냥 황천길 걸어 온 걸 보면, 아침 먹고 나면 저녁 끼니가 간데없는 가난뱅이 영가구먼."

"헤이! 낙장불입도 몰라? 자네도 이젠 돌아갈 길이 없어. 머뭇거리지 말구 저 문으로 곧장 들어가. 오늘 왔으면 아무리 없이 살았다 해도 출상할 때, 마지막 밥상은 받았을 테니까 머뭇거리지 말고 곧장 들어 가. 우린 물배를 채우고 들어갈 참이니까."

상투머리의 단짝인 듯한 곰보가 물바가지를 넘겨받으며 황태철을 안쓰럽게 쳐다봤다.

유전 탓으로 지능이 얕은 황은, 무슨 소린지 알아듣지 못하고 우물가를 배회하면서 영정 사진 비슷한 사람들이 물 마시는 모습만 보고 있었다.

"어, 이젠 좀 살 것 같다."

물을 두 바가지나 연거푸 퍼 마신 염소수염이, 배를 툭툭 치면서 곰방대를 꺼내들었다.

"박공도 헛걸음 하셨구랴. 이거 한대 피워 보슈, 나도 차례상 얻어먹으러 갔다가, 설날 아침에도 라면 끓여 먹는 걸 보고 부애가 나서, 큰 손자 놈 주머니서 이거 한 갑 꺼내 왔시다."

범죄형으로 보이는 영감이, 염소수염에게 담배를 권하며 물바가지를 넘겨받았다. 한쪽에서는 이미 물을 배 터지게 마시고 숨을 고르고 있던 영감들끼리 신세타령을 하고 있었다.

"나두, 스으산瑞山 큰 늠 집이 댕겨 오넌 질인디, 옛날에 먹던 민어나 조기찜이 생각나설랑은 이 한걸음에 달려갔다가, 새우 젓국 가신 물 한 모금두 천신 못 허구 이냥 되질러 오는 질이여."

"워매? 그라고봉께로 서공으 두 눈도 거시기, 흑산도 홍어 암컷 거시기 맹키로 퉁퉁 부었구마 잉."

"지랄한다! 뱃놈이믄 뱃놈다운 끝장을 봐야지, 흑산도 조기 파시 때, 술집 가시나 먼저 차지할라꼬 싸우다가 인생 하선한 주제에 입만 뺑끗하믄, 홍어 밑창이 우짜고 저짜고 하고 씨부려 쌓노."

"누구여? 시방 발언한 작자가 장생포 뻑쟁이제?"

"이런 무식한 놈! 남극까지 누비고 댕기던 왜놈들 '남경어선단'에서 끗발 날리던 장포수 어른보고 장생포 뭐라꼬? 이누마야! 내가 그동안 쏘아 잡은 고래만 해도, 흑산도 땅덩어리보다 몇 십 배나 더 클끼다. 그때는 밍크나 브라이드 같은 거는 고래 취급도 안했다. 그런데 고래 눈물 방울 보다 작은 조기새끼나 쫓아 댕기던 놈이, 어데서 함부로 주딩이를 놀리노? 니가 바로 흑산도 홍어X이다 알겠나?"

장생포뻑쟁이와 흑산도홍어X라는 그들의 두 눈은 퉁퉁 부어 있었고, 금연 첫날의 골초들같이 연신 입맛을 다시고 있었다.

"이럴 수는 없어. 이럴 수는 없다니께……. 저 징글징글헌 육니오 전쟁통이서두, 홍동백서에 두서동미, 어동육서, 좌포우해 해설랑은이, 정성껏 채려서 식구대로 모여서 절 허구, 음복두 허구 허던 디, 시방은 맹물 한 그릇은 고사허구, 사업허다가 풍비박산난 자석들이 뿔뿔이 흩어져서 행방정처가 묘연허니, 이 일을 워칙허면 좋아? 흐이구우……. 경섹아! 우리 종섹아! 이 애비가 슬날 아침에 헛걸음 해설랑은 이러는 것이 아녀. 마음은 태산 같어두, 그럴 형편이 못 되는 너거들 매음이 오죽 헛헛 허것냐 싶어서 이러는 겨. 흐이구우, 이일을 워칙 혀! 이일을 워칙허면 좋아?"

한쪽에 서 있던 황은, 서산 사투리가 철퍼덕 퍼질러 앉아서 모자처럼 쓰고 있던 정수리 위의 동그라미를 움켜쥐고 땅바닥을 쳐가며 통곡을 하는 것을 보고서야 비로소, 그들이 저승에 주소를 둔 혼령임을 알 수 있었다.

"여러분 내말 좀 들어보슈. 나는 삼대독자를 남기고 왔는데, 중소기업을 하던 이놈이 부도를 내고 들어 가 있습디다. 그랬으면 말지, 이 미련한 놈이 감방 안에서 물 한 그릇을 떠 놓고 엎드려 있는 걸 보고 내 마음도 찢어지는 것 같아서 물끄러미 보고만 있었는데 아, 글쎄! 감방장이란 놈이 길게 자빠져 있다가 일어나면서 내 몫으로 떠 놓은 그 물을 벌컥 벌컥 들이키더란 말입니다. 그러니까 그때까지 엎드려서 울고 있던 우리 아들놈이 벌떡 일어나서 물 마시고 있는 그놈을 사정없이 들이 받고, 그러니까 그 깡패 똘마니들이 우르르 달려들어서 우리 아들놈을 짓밟고……. 흐흐흑…….”

곱게 늙다가, 종신終身도 깔끔하게 했을 것 같은 혼령이 말을 채 끝내지도 못하고 떼굴떼굴 뒹구는 방향으로, 또다시 다양한 연령층의 혼령들이 도착하고 있었다. 수염이 허연 할아버지의 품에는 고무젖꼭지를 물고 있는 젖먹이가 안겨 있었고, 부부로 보이는 남녀와 올망졸망한 어린것들이 동그라미 하나씩 풍선처럼 띄우고 쫄랑쫄랑 따라오고 있었다.

“아니? 김공 이게 어쩐 일이요?”

“이것이 시방 워치게 된 심판이여?”

“워매! 갈 적에는 부부동반으루다가 단출했었는디, 워치게 일개 소대가 오는 것이요?”

“교장선생님요! 이기 우짠 일이요? 이 얼라하매, 주렁주렁 달고 온 이 영혼들 하고는 무슨 관계요? 야? 말씀 좀 해 보소. 야?”

양지 바른 곳에 아담한 무덤 한 기씩 차지하고 있는 영혼들과, 화장을 해서 집도 절도 없는 무주택의 혼백들이, 제각기 입에 밴 사투리로 떠들다가 더 이상 말을 잊지 못하고 눈물만 뚝뚝 흘리고 있었다. 품안의 어린 것이 칭얼거리자 ‘얼레레레’ 하고 도리질을 하며 달래보던 교장의 혼백도 끝내 ‘어, 허. 헉!’ 하고 울음을 터트리고 말았다.

“인사드려라. 여기가 못난 제 외동아들이고, 이쪽이 며느리, 이 아이가 큰 손자, 저 놈이 둘째, 이 아이가 손녀……. 으흑……. 이 못난 놈아! 모진 마음먹었으면, 너 혼자나 올 것이지 이 어린 것들이 무슨 죄가 있다고 이 애비에게 이런 꼴을 보이느냐, 이 불효막심한 놈아! 네 놈이 뭔데, 네 스스로 우리 족보에 마침표를 찍었느냔 말이다? 엉? 이놈아! 왜 그랬어? 으으으……."

"아버님, 정신 차리세요."

"여보, 영감."

"할아버지."

"김공! 정신 차려. 김공! 안되겠다. 빨리 업어라. 어서 안으로 모셔라."

장생포 뻑쟁이가, 끝내 기함해 버린 김공의 혼백을 들쳐 업고 달려가자, 수많은 혼령들도 그 뒤를 따라서 저승문 안쪽으로 들어갔다.

"17~8년 전 봄에넌 총 쏘는 소리, 사람 패는 소리가 여기까장 들려서 그런개비다 했넌디, 시방은 마구잡이루 사람 잡는 소리두 없는디, 워찌서 한창 일 허구 있으야 헐, 사대육신 멀쩡헌 사람들이 대이구 몰려 오넌 지, 알다 가두 모르것네유?"

떡국을 이고 와서 문지기들에게 한 사발씩 퍼 주던 아낙이 구시렁거려도 모두 못 들은 척 하고 먹기만 하는데, 아까부터 그녀의 펑퍼짐한 엉덩이에 시선을 주고 있던 수문장 도깨비가 떡국을 먹다 말고 그녀 옆으로 다가갔다.

"대가리여! 대가리 때미, 그런 겨."

"대가리라니유?"

"뭐가 무섭다, 뭐가 무섭네. 해두, 대가리 나쁘면서 고집 센 늠버덤, 더 무서운 것이 없다니께. 그러니께 '짐가 가는 디는, 가을두

봄이다' 라구, 오곡이 풍성헌 가을 타작마당에두 짐가만 나타나면, 허리 띠럴 반 양식 삼어설랑은 갠신히 살어 남던 보리고개 겉이 힘들어진다는 옛말이 다 있을라구. 옛날 으른들 말씀에 틀린 것 봤어? 그건 그렇구, 청양댁은 나이럴 거꾸루 먹는개벼. 큰애기들 버덤 살결이 더 곱다니께."

"얼래? 손이 워디루 온대유? 이러지 마유……. 나넌 외뿔이 수문장님 말은 당최 못 알아 듣것슈. 대가리 거시기 헌 것 허구, 아까운 이들 줄초상 나넌 것 허구, 무슨 연관이 있다구 그런데유?"

눈치코치 없는 아낙을 이글거리는 시선으로 바라보던 도깨비는, 그녀의 귀에 대고 소곤거렸다. '청양댁. 야중에 말이여, 아녀. 오널 저녁이 설그지 끝나거들랑, 저 짝 시번 째 망루로 오너서, '빼꾹, 빼꾹' 허구 신호만 허여. 그라믄 내가 내려 와서, 청양댁 머리에 쏘옥 들어가도록 가르쳐 줄테니께, 꼭 나오야여. 알것지?"

그러나 그녀가 큰 소리로 되묻는 바람에 외뿔이는, 닳고 닳아서 뭉툭해진 뿔의 끝까지 벌겋게 달아올랐다.

"설그지 끝내면 얼런 들어가서 자야지, 뭣 때미 어두컴컴헌 시번 째 망루 꺼정 가서 '빼꾹, 빼꾹' 헌대유?"

도깨비의 수작하는 꼴이 남의 일 같지 않아서 킬킬거리던 황을, 옆에 있던 또 다른 도깨비가 '꺼져, 임마!' 하고 뺨을 찰싹 때렸다. 어찌나 호되게 맞았는지 머릿속 까지 지끈거려서 고통스러워서 하는 황태철의 뺨을, 하얗게 질린 명태환이 번갈아 가며 때리고 있었다.

"정신 차려 임마! 죽고 싶으면, 얼음구멍 속으로 들어 갈 일이

지, 창문을 꼭 닫은 채로 히터를 켜고 자빠져 자면 어쩌자는 거야? 조금만 늦었어도 큰일 날 뻔 했네 임마! 너 지금 저승 문턱까지 밟았다가 되돌아 온 거야. 알기나 알아?"

양쪽 뺨을 문지르면서 부스스 일어나는 황태철의 아랫도리에서, 역한 냄새와 함께 김이 모락모락 나고 있었다.

낚시꾼 김필의 세상읽기
사람들 풍경

“시시각각으로 모습이 변하는 구름 속에서 그리운 아이들의 얼굴도 보이고, 지난 망년회 때 다퉜던 친구의 얼굴도 떠올랐다. 과음한 내가 언성을 높이자 역시 제 주량을 훨씬 넘기고 있던 친구가 "육두문자는 맏상제 태어나서 옹알이 할 때나 가르쳐라!" 하고 기름을 부었다. 참을성 없고 속도 좁은 나는 그 얼마 전에 개인전을 열었던 그에게 “네가 그린 꽃이 그게 진정한 꽃이냐? 지금 제대로 된 꽃이 어디 있다고 허구한 날 매화타령이냐? 조화弔花에는 향기가 없듯이 지옥도에도 꽃은 필요 없어!” 하고 술상을 엎고 나와 버렸다.”

—〈꽃〉 중에서

12. 꽃

13. 미인계

14. 봄이 오면 산에 들에

15. 옥녀봉의 메아리

16. 생활유격대

17. BB킴 여사

PART Ⅲ
세월이 하수상하여...

사람들 풍경

꽃 12

내가 주인 아주머니에게 인사를 하고 방으로 돌아오니 아내는 벌써 세간 정리를 끝내 놓고 있었다. 하기야 용달차 한 대 분도 채 안 되는 단출한 살림이라 장롱과 책상, 그리고 책들만 들여 놓으면 이사는 끝난 셈이었다.

라면으로 점심을 때우고 벽에 못 박을 궁리를 하는데 설거지를 하고 들어 온 아내가 내 손을 잡아끌었다.

"우리 바람 쐬러 나가요. 당신은 낚시하고 나는 나물 캐고, 저녁에 맛있는 쑥국 끓여 드릴게요."

그녀는 벌써 조그만 바구니와 과도를 준비하고 있었다.

"그러지 뭐."

이삿짐을 들여 놓기가 무섭게 낚시가방을 메고 나가는 우리 부부를 보고 주인아주머니는 고개를 갸웃거렸다. 화사한 날씨에 며칠

째 계속 불어대던 바람도 자고 있어서 밖에 나오지 않았으면 무척 억울했을 것 같은 화창한 봄날이었다. 저수지는 천천히 걸어도 10분이면 갈 수 있는 가까운 곳에 있었다.

학생들에게 무엇이 옳고 그른지를 가르친 죄(?)로 교직에서 물러나게 된 뒤론 낚시할 엄두도 못 냈는데 저수지 근처로 이사를 오게 되어 산보 삼아 낚시도 다니게 되는 모양이었다. 오랜만에 낚시 가방을 메고 보니 나도 마음이 바빠졌지만 배가 불러서 걸음이 더딘 아내의 손만 꼭 잡고 걸었다. 고생시키는 것이 미안해서 새삼스레 콧등이 시렸지만 아내의 손은 연애시절처럼 여전히 부드럽고 따스했다. 돌이켜보면 나의 실직과 동시에 아내가 유아원 교사로 취직을 해서 생계를 꾸려 왔으니 세끼 밥 거르지 않고 술 담배 굶지 않은 것만으로도 감지덕지 할 일이었다. 그동안 내가 방구석에서만 뒹굴다 보니 우리부부의 주민등록만 자꾸 지저분해졌다. 전세 값 폭등으로 반지하와 달동네를 오르내리다가 끝내는 서울에서 더 이상 갈 곳이 없어져서 경기도로 옮겨 올 때까지 동사무소 들락거리면서 전 출입 신고하는 것도 복덕방 찾아다니며 방 얻으러 다니는 것 못지않게 성가신 일이었다.

삼천 평 남짓한 작은 저수지 옆 과수원에는 하얀 배꽃이 한창이었다. 오랫동안 처박아 놨던 낚시채비는 엉망이었고 미끼도 보조 주머니에서 썩어가던 떡밥으로 시늉만 냈다. 덜 삭은 수초 옆에 찌를 바짝 붙였지만 잔챙이 입질도 없었다. 복덕방 주인 영감의 말처럼 가뭄이 들 때마다 말라 버린다는 동네 저수지에서 썩은 떡밥을

꽃은 보지 않아도
알아챌수 있듯이
우정도 그런거야…

물고 나 올 봄 붕어는 없는 가 보았다. 옆에 앉아서 한 마리 잡는 것을 보고 가겠다던 아내도 나의 어깨를 툭 치고 제방 쪽으로 가버렸다. 잠 못 이루던 밤마다 곤히 잠든 아내의 얼굴을 바라보듯 물끄러미 쳐다보던 찌에서 눈길을 돌려 하늘을 바라보았다.

시시각각으로 모습이 변하는 구름 속에서 그리운 아이들의 얼굴도 보이고, 지난 망년회 때 다퉜던 친구의 얼굴도 떠올랐다. 과음한 내가 언성을 높이자 역시 제 주량을 훨씬 넘기고 있던 친구가 "육두문자는 맏상제 태어나서 옹알이 할 때나 가르쳐라" 하고 기름을 부었다. 참을성 없고 속도 좁은 나는 그 얼마 전에 개인전을 열었던 그에게 "네가 그린 꽃이 그게 진정한 꽃이냐? 지금 제대로 된 꽃이 어디 있다고 허구한 날 매화타령이냐? 조화弔花에는 향기가 없듯이 지옥도에도 꽃은 필요 없어!" 하고 술상을 엎고 나와 버렸다. 그 뒤로 연락을 끊고 있었지만 이 봄이 가기 전에 내가 먼저 찾아가서 사과를 할 작정이었다. 꽃은 눈을 감고도 볼 수 있고 또 느낄 수 있는 것처럼 그 친구와의 우정도 깨진 술잔과는 상관없이 가슴과 가슴으로 통하는 것이었다.

덜 삭은 바닥 수초들이 봉돌의 무게를 이기지 못하고 주저앉으면서 한 칸 반, 두 칸 대의 오동 찌들도 물속으로 잠겨 버렸지만 나는 아랑곳 하지 않았다. 사랑하는 아내가 곁에 있고 봄 냄새에 흠뻑 취했으니 고기를 잡고 안 잡고는 내 소관이 아니었다. 한창 나물을 캐고 있을 줄 알았던 아내가 아지랑이 피어오르는 뚝 위에서 나비처럼 오고 있었다. 그녀의 바구니 속에서 파란 술병도 보였다. 그러잖아도 한잔 생각이 간절하던 나는 홀몸도 아닌 사람이 무거운 짐을 들고 오는 것을 보고만 있을 수가 없어서 자리를 박차고 달려가서 잘 모시고 자리로 돌아왔다.

아내가 따라 주는 소주를 마시고 그녀가 오징어 다리를 내 입에 넣어 주는 순간 물속에 잠겨 있던 찌가 수면위로 올라오고 있었다. 천천히 아주 천천히, 두개의 빨간 찌가 얼음 녹은 물속에서 꽃처럼 활짝 피어나고 있었다.

PART Ⅲ
세월이 하수상하여...

미인계 13

오진 장마였다. '보기 싫은 것들, 한번 당해 봐라'는 식으로 쏟아 붓는 것은 좋지마는, 정작 떠내려가야 할 빈대들은 끄떡없고 애꿎은 초가삼간만 주저앉는 형편이었다.

엊그제 혹시나 하고 봤던 맞선에서 또 보기 좋게 퇴짜를 맞은 백상길은, 깡소주 나발 불기도 지겨워서 안주 감을 찾아 그물과 양동이를 챙겨서 집을 나섰다.

논에서는 동네어른들이 쓰러진 벼 포기를 세우고 있었지만 애써 외면하고 걸음을 재촉했다. 선을 서른 몇 번이나 봤어도 생업을 다른 직종으로 개비할 가망이 없는 영원한 촌놈에겐 시집오겠다는 처녀도 없고, 팔자를 고쳐 보겠다는 여인네도 없었다.

마침 휴일이고 비도 잠깐 그친 탓으로, 수로에는 황톳물에 절어서 축 늘어진 팬티차림의 천렵꾼들이 미꾸라지와 송사리를 훑고 있었다. 상길은 있으나마나한 애물단지 가리느라고 빨래 감만 만드느니 다 벗고 들어가서 생긴 대로 놀고 싶었다.

풍덩 들어가서 수초 더미를 쑤셔대니 붕어, 미꾸라지, 송사리 등이 한 번에 한 공기씩 잡혔다. 그러나 그의 서늘한 가슴속은 찬바람만 더했다. 마흔이 다 되도록 결혼커녕, 실연 한번 못 해본 주제에 송사리나 건져 먹자고 흙탕물 속에서 첨벙거리고 있는 자신의 신세가 기가 막히던 거였다.

"어머! 여기 무척 많이 잡아놨네. 여보, 애들아, 이리 와서 이것 좀 봐."

먹을 만큼 잡은 다음 후미진 곳에서 팬티를 짜서 입으려고 홀랑 벗고 있던 상길은, 젊은 여자의 목소리에 기겁을 하고 후다닥 바지만 주워 입었다. 그리고 안 입었다는 것을 눈치 챌 까봐 팬티는 멀리 던져버렸다.

"와! 형씨 많이 잡았네. 이거 조금만 팔 수 없소? 이런데서 잡은 자연산 민물고기로 끓인 매운탕 맛을 보고 가야, 모처럼 처제들하고 나들이 나온 보람이 있겠는데, 어떻게 안 되겠소?"

자신보다 훨씬 어려 보이는 것이 누런 개목걸이를 하고 말 하는 싹수도 노래서, 여느 때 같았으면 시비 걸기 딱 좋았지만, 그때는 상길도 생각이 있어서 거저 주마고 했다. 집에 가져 가 봐야 부엌에서 청승 떨 일 밖에 없으니, 그냥 주고 여자들 틈에 끼어서 더불어 먹는다면 그런 호사가 없겠던 거였다.

여자들이 차에 싣고 다니던 코펠과 버너를 꺼내오고 고기를 다듬는 동안, 상길은 이 밭 저 밭으로 훨훨 날아다니며 파, 풋고추, 깻

잎을 훑어 오고 집으로 달려가서 마늘과 고춧가루 같은 양념도 가져왔다.

개목걸이의 처제들인지 종업원들인지 하는 여자들은 말 할 것도 없고, 그것의 마누라도 머리는 노랗게 물들이고 얼굴에 칼을 대서 토종의 흔적은 많이 사라졌지만, 매운탕 끓이는 솜씨만큼은 갈데없는 조선여자들이었다. 매운탕 냄비를 가운데 놓고 먹고 마실 때는 남녀 구별이 없었다, 야간 업소의 여자들이 분명한 그녀들의 주량도 보통이 아니었다. 상길도, 화장품 냄새가 좋고 술이 좋아서 자작으로 마구 마셨다. 왠지 모르게 그냥 취하고 싶은 생각뿐이었다.

"형씨는 뭐 하시는 분 이슈?"

민물고기가 칼슘이 많고, 또 뭣 뭣이 많아서 남자들한테는 최고라면서 환장을 하고 먹어대던 개목걸이가, 느닷없이 상길의 목에 붕어 가시가 걸리는 소리를 했다. 바지를 급히 입느라고 타이어 표 검정고무신도 좌우를 바꿔 신고 있는 모습을 보면서도, 굳이 촌놈 입에서 촌놈이라는 소리를 듣고자 하는 그 속내가 되우 괘씸했다.

"해외에 자주 가는 편이요."

여자들 앞에서 기죽지 않으려고 오퍼상 한다는 농고 동창의 흉내를 냈는데 개목걸이가 대뜸, '아! 뱃사람이시구만' 하고 아는 척을 하는 바람에 넘어가던 소주가 기어코 코로 들어 가버렸다.

'개애새끼!' 빈 양동이만 들고 집으로 가고 있던 상길은 본전 생각이 나서 미칠 지경이었다. 철들면서부터 논밭에 엎드려서 태워온 얼굴이라 비행기 타고 왔다리 갔다리 하는 사람 같이 보이지는

에휴~

않는다하더라도, 대번에 다음 항차 기다리며 집에서 쉬고 있는 상선이나 원양어선 말단 갑판원쯤으로 넘겨짚던 그 작자를 곱게 돌려보낸 자신이 한 없이 초라하게 느껴졌다. 또 진즉에 배나 탔더라면, 선창가의 술집 골목마다 쓰리고, 아리고, 달콤한 사연도 많았을 거란 생각이 들어서 더욱 그랬다.

이렇게 살아야 할 바에는 정말 죽고 싶다는 생각까지 하면서 터벅터벅 걷고 있는 상길의 발길을 붙드는 여자가 또 있었다.

"아저씨! 죄송하지만 차 좀 밀어 주세요. 여자 혼자 힘으로는 도저히 안 되네요. 아저씨 부탁해요. 네에?"

정신을 차리고 주위를 돌아보니, 저만치 앞의 농로에 고급 승용차가 빠져 있었다. 그리고 시집 갈 나이가 됐어도 아직까지 빨래나 밥도 해 본 적이 없을 것 같은 고운 처녀가 그렇게 애원을 하는데, 못 본 척 하고 그냥 갈 농촌총각은 없는 거였다. 상길은 두말 않고 차 밑바닥으로 들어가서 맨손으로 진흙을 걷어내고, 사방으로 쫓아다니며 돌을 주워 와서 바퀴 앞에 깔았다. 온몸에 진흙 범벅을 하고 비지땀이 흘러도 힘든 줄을 몰랐다. 그리고 그녀도 뭐가 그리 좋은지 상길의 뒤에서 소리 없이 웃으면서 몸을 배배 꼬고 있었다. 자신의 친절한 마음씨와 남성다움에 흠뻑 빠진 미인이 등 뒤에서 지켜보고 있다는 생각에, 상길은 없던 힘도 솟구치는 것이었다.

"자, 이제 해 봅시다. 제가 밀 테니까, 기어를 빼고 있다가 차가 움직이면 시동을 걸고 일단으로 차고 나가세요. 자 갑니다. 으랏찻차차아……."

밤이 아무리 길어도 담배 피울 일 밖에 없어서 평소에도 힘은

남아돌았지만, 그때는 황소의 뿔도 잡아 뽑을 수 있을 것 같았으니 승용차는 가볍게 진창을 빠져나갔다.

이제, 담배 값을 준다 해도 한사코 뿌리치고, '조심하시라' 는 말만 남기고 홱 돌아서서 가리란 생각을 하면서 스스로 흥분해 있던 상길은 갑자기 그 자리에 철퍼덕 주저앉았다. 저만치 가던 차가 멈추자마자, 어디선가 기생오라비 같은 것이 나타나서 그 차를 타고 휭 하니 가버리는 것이었다.

병든 하마처럼 진창에서 엎치락뒤치락하던 상길은 한참 만에 겨우 안정을 찾고, 몸을 씻으려고 다시 수로에 갔다. 머리부터 감으려고 엎드리다가 도살되는 황소처럼 무릎이 꺾이면서 그대로 물속에 쳐 박혀 버렸다. 그때서야 계집이 뒤에서 몸을 배배 꼬던 이유를 알았다. 차 밑에 엎드릴 때 탈이 났지 싶은 바지는 엉덩이서부터 무릎 근처 까지 뜯어져서 너덜거렸고, 그는 노팬티였던 거였다.

PART Ⅲ

세월이 하수상하여...

봄이 오면 산에 들에 14

인기척에 놀란 달한裵達漢이, 보던 것을 채 감추기도 전에 방문이 털컥 열렸다. 그와 동시에 마당에서 벚나무 하고 놀고 있던 화사한 봄볕이 굴속 같던 방안을 환하게 도배했고, 자욱한 담배연기는 젖먹이 두고 나온 작부처럼 살며시 빠져 나가고 있었다. 그리고 노상 보는 시커먼 얼굴들이 주먹감자처럼 불쑥 문지방을 넘어왔다.

"아이고, 행님! 또 그 가시나 사진, 들여다보고 있었소?"

"다라이 행님요, 인자 지발 그만 하소. 이 좋은 봄날에, 도둑놈 소굴 같은 방구석에서 무슨 청승이요?"

한 동네에서 같이 늙어 온 후배, 병삼과 성구가 지난 장날에 노점 리어카에서 장만했던 색안경까지 끼고 싱겁게 웃고 있었다. 둘 다 마흔 셋, 뱀띠인 그들은 후줄그레한 점퍼 안에 하얀 와이셔츠를 받쳐 입고 화려한 색의 넥타이까지 메고 있었다.

"무신 일이고? 맞선 보러 간다는 소리는 없었고, 어데, 잔치 집에 가나?"

쪽마루로 나온 달한은 면서기처럼 차리고 있는 후배들을 의아한 눈으로 쳐다봤다.

"우리가 갈 데가 어데 있소? 아침에 염소 끌고 나가다 보이까네, 저 앞 둠벙에 낚시꾼들이 시조회 하면서 고사 지낼 준비를 합디다, 슬슬 가서 머리고기에 막걸리나 묵고 올라꼬요. 행님도 같이 갑시다."

성구는 말로 하고, 병삼은 뒷전에서 술 마시는 흉내를 내고 있었다. 식전 아침부터 이두일신二頭一身으로 흘레붙는 똥개들 보기 싫어서 잠만 늘었다는 달한이, 그런 구경을 마다할리 만무했다. 농한기라서 낮도 길고, 밤도 지긋지긋한 중년사내들이 우르르 몰려나오다가 텃밭에서 시금치를 뽑아 오던 달한의 노모와 마주쳤다.

"점심 묵을 때 됐는데, 밥 묵고 가지?"

"요, 앞에 금방 갔다 올낍니더."

따라 가려고 발치에서 거치적거리는 강아지를 쫓으면서 달한은 삽짝을 나섰다. 증손자를 보고도 남았을 나이에, 손자는커녕, 며느리도 없어서 끼니 때마다 허리가 끊어지는 달한의 노모는, 서둘러서 가고 있는 그들의 뒷모습을 하염없이 바라보고 있었다.

오천 평 남짓한 '달래내 방죽'에는 울긋불긋한 사람 꽃이 만발했다. 그중에서도 요즘 유행인 쫄쫄이 바지에 머리는 노랗고, 누렇고, 노리끼리하고, 노르스레하게 염색을 한 아줌마들 때문에 봄볕도 덩달아서 달아오르고 있었다. 가정적인 사내들은 사랑스런 아내와 아이들의 모습을 카메라에 담느라고 낚시는 뒷전이었다. 고사상의 돼지머리도 시퍼런 지폐를 한 다발이나 물고 흐뭇하게 웃고 있었지만, 밤이 사뭇 길어서 유감인 그 바닥의 토박이 사내들은 제방 위에 퍼질러 앉아서 줄담배만 피우고 있었다.

"그런데, 저 여자들 전부 세칸드 아이가?"

이제는 선보는 것도 포기한 병삼이, 가래 끓는 소리로 불퉁거렸다.

"그기, 무신 소리고? 저 여자들이 어때서?"

성구가, 땅바닥에 비벼 끈 꽁초를 멀리 튕겨 보내면서 병삼을 돌아 봤다.

"자세히 보란 말이다. 남자들은 늙으나 젊으나 지 나이 그대로 묵어 보이는데, 여자들은 처넌지, 아지맨지 분간을 못 하겠다 아이가! 얼라들이 '엄마, 엄마' 하고 부르는 거 보믄, 아지매가 맞기는 맞는 모양인데……. 저쪽에 봐라. 저 손나팔 들고 설치는 시커먼 놈 옆에, 생머리 하고 있는 저 여자. 저기, 니 눈에는 아지매로 보이나? 누가 저 여자를 유부녀로 보겠노? 자세히 보란 말이다. 내 말이 틀렸는가?"

병삼의 목젖이, 개구리를 삼키는 꽃뱀의 턱 밑같이 툭 불거졌다.

"니기미, 이래도 되는 것가? 세상이 이리 불공평해도 되는가 말이다. 행님, 안 그렇소?"

그때까지 먼 하늘만 하염없이 바라보던 달한이 혼잣말처럼 중얼거렸다.

"미시족이라, 카는기다."

"뭐요? 미시족?"

"미시족이라……."

그제야 어디서 들어 본 가락이 있는 지, 고개를 꺾고 애꿎은 풀만 북북 뜯고 있는 아우들을 보면서 달한의 속에서도 생살이 찢어지고 있었다.

"지기미, 우리 하고 항렬은 같네. 미시족, 미혼남! 흐흐……."

성구가 입술을 깨물면서 억지웃음을 걸러냈지만, 달한은 피울음으로 새겨들었다. 바로 그때, 달착지근한 화장품 냄새를 앞세운 여자 둘이 그들에게로 다가왔다.

"안녕하세요? 고사 음식 같이 드시자고, 모시러 왔어요."

"어이구! 안녕하십니까. 공기 맑은 데 오이까네, 대기 좋으시지요?"

'니기미!' 만 입에 달고 있던 병삼이 벌떡 일어나서, 안방마님 앞에 선 마당쇠 같이 굽실거렸다.

"네! 정말, 이렇게 조용하고, 공기 좋은 농촌에서 살고 싶어요. 어서 가시죠."

벗겨 놓으면 위, 아래 색깔이 다를 것이 분명한 노랑머리 여자들이 풍기는 살 냄새는 너무 진했다.

"면장님! 가 보입시더. 부면장님도 퍼뜩 일어 나이소."

병삼이 눈을 찡끗하며 달한의 손을 잡아끌었다.

"어머? 면장님이세요?"

면장이라는 소리에 부동산 투기꾼인 여편네들의 귀가 번쩍했고, 벼락감투를 쓴 달한은 표정관리에 어려움을 겪고 있었다. 바로 그때, 달한의 노모가 이장 집 마이크로 아들을 부르고 있었다.

"뭐시라? 지끔부터 말을 하라꼬? 이장이 쪼매 해 주면 되겠구마는, 백지, 넘 우세시킬라꼬……. 이기, 지끔 다 들린다꼬? 하이고, 참말로, 훅, 훅, 다라나, 들리나? 애미다. 이장이 대신 해 주믄 될낀데, 일부러 낼로 이리 고생을 시킨다. 누룽밥 끼리 놨으이까네, 퍼지기 전에 퍼뜩 와서 묵자. 뱅삼이캉 모도 오이라. 끊는다."

장난기 많은 이장과 주고받는 어머니의 음성을 들으면서 웃을 수도 있었지만, 달한의 두 눈에는 눈물이 핑 돌았다. 말없이 돌아서 가는 달한을 대신해서 병삼이 면서기다운 뒷수습에 나섰다.

"죄송합니더. 면장님이 급한 회의가 있어서……."

일단 웃는 낯으로 그 자리를 벗어 난 병삼과 성구도, 마마보이(?)의 뒤통수만 뚫어져라 노려보면서 따라가고 있었다. '살다 보니, 이럴 때도 있구나' 싶어서 허벅지를 꼬집어보면, 번번이 실제상황이 아닌 개꿈이어서 자다가 말고 속옷 벗어 던지던 그들의 표정은, 뭉개버린 점토인형에 다름 아니었다.

쌜쭉해서 돌아서는 노랑머리의 진흙투성이 등산화가 달한의 주머니에서 빠져 나온 사진을 꾹 밟고 지나갔다. 그것은 멀리 연변에서 왔다가, 연기처럼 사라진 달한의 아내 사진이었다.

PART Ⅲ

세월이 하수상하여...

옥녀봉의 메아리 15

'시벌! 이것들 까장, 사람 약 올리는 거여, 뭐여?' 잡히는 붕어들마다 바늘을 빼려고 하면 손바닥에 알을 줄줄 쏟는 바람에, 혼자서 낚시를 하고 있던 전상배는 기분을 완전히 잡쳐버렸다. 어제도 술김에 읍내의 이발소에서 배코를 치고 나오니 마주치는 동네 어른들마다 안쓰럽게 쳐다보다가 혀를 끌끌 찾고, 초등학교 5년 선배인 만수 형은 자기도 속절없이 그냥 늙어가는 주제에 박장대소를 하며 사람 속을 발칵 뒤집어 놓았다. '자슥! 장개 못 가느니 차라리 입산허것다 그것이여? 그려, 현명헌 선택이여. 혹시라두 무無짜 화두를 받거들랑 이것저것 생각허구 자시구 헐 것 없이, 우리덜은 누구헌티 미운털이 백혀설랑은 마누래 없이 살으야 했던가, 허는 것만 대이구 파구 들면 견성은 물 말어 놓은 밥이여. 가서 자리 잡거들랑 기별허여. 나두 갈테니께.'

낚시할 마음도 흘려버리고 먼 하늘만 바라보고 있던 전상배는, 바람에 실려 오는 향긋한 냄새에 이끌려서 저도 모르게 제방 쪽으로 가고 있었다. 봄나물이 지천으로 깔렸어도 나물 캐는 처자 한명도 보이지 않는 그곳에는, 멀리서 온 듯한 청춘남녀 두 쌍이 낚시를 하고 있었다. 지렁이가 징그럽다고 몸을 배배 꼬는 배꼽바지와, 붕어새끼 한 마리 낚아 들고 '옴마, 옴마!' 하면서 훔쳐보는 사람 가슴이 철렁 내려앉는 줄 모르고, 작은 수박만한 제 가슴을 출렁거리는 여자, 그녀들의 몸에서는 사향 냄새가 이런 것일까 싶게, 진한 향기를 내뿜고 있었다.

"영숙아. 찌가 흔들리는 이유가 바람 때문이게, 아니면 물결 때문이게?"

벗다가 말았는지, 입다가 말았는지 모를 정도로 알쏭달쏭한 모습의 배꼽바지가 애인하고 찰싹 달라붙어 앉아서 저 닮은 소리만 하고 있었다.

"그거야, 바람 때문이지."

수박가슴도 제 남자의 등 뒤에 꼭 붙어 앉아서, 얼핏 보면 풍선 터트리기를 하는 것 같았다.

"아니네. 물결 때문이네, 아저씨 제 말이 맞죠?"

배꼽바지는 아까부터 자신들을 훔쳐보고 있는 촌사람이 신경 쓰여서 일부러 그런 거였다. 그러나 야외에서 고기를 구워 먹을 때, 냄새를 맡고 온 그 동네의 멍멍이에게 고기 한 점 던져주며 가라고 해도 끝까지 안 가는 것처럼, 전상배도 말귀를 못 알아듣고 오히려 자신의 존재를 알아주고 말을 걸어오는 것이 고마워서 엉덩이가 들썩거렸다.

눈치코치 없는 것이 갈 생각은 않고 철퍼덕 퍼질러 앉아서, '바람이냐, 물결이냐?' 하고 중얼거리고 있는 꼴을 보고 기가 막혀버린 배꼽바지가, '자기야! 우리 저기 좀 갖다 올께' 하고 제 친구의 손을 잡고 일어섰다.

"어디 가는데?"

배꼽바지의 애인인 꽁지머리도, 불청객이 충분히 느낄 수 있도록 일부러 불량스럽게 말했다.

"우리끼리 볼일이 있는데, 슬며시 와서 훔쳐보면 안돼."

모르는 여자가 그 정도로 말을 할 때는, 전상배도 더 이상 뭉개지 말고 일어나야 옳았다. 그러나 환장 할 것 같은 봄볕과, 진한 화장품 냄새가 그의 머리를 이상하게 만들었는지 그는 요지부동이고, 말뚝이었다. 그녀들이 제방 끝머리의 솔수펑이로 사라지자, 박아 놓은 말뚝(?)은, 팔월 대보름달 같은 두 여자의 엉덩이를 떠올리면서 부르르 진저리만 치고 있었다.

소변을 보고 온 여자들은 그래도 가지 않고 버티고 있는 전상배를 흘겨보면서, 남자들에게 자리를 옮기자고 했다. 짐을 싸는 그들을 물끄러미 바라보고 있던 전상배는 그대로 떠나보낼 수가 없어서 그녀들에게 바짝 다가갔다.

"거시기, 나도 경장히 바쁜 몸이지만서두, 아까 그 문제 때미 발이 떨이지지 않아서 여적지 이러구 있었슈. 뭐시냐? 내가 생각허는 바로는, 찌가 바람 때미 흔들리는 것두 아니구, 또 그렇다구 물결 때미 그런 것두 아니라구 봐유! 그러니께 고것이……."

팔자에 없는 양다리까지 걸친 그는, 배꼽바지와 수박가슴 둘 중에 어느 한편의 손을 들어 줄 수도 없어서 행복한 고민을 하고 있었지만 여자들의 인내에도 한계가 있었다.

"어머? 이 아저씨 굉장히 엉뚱하시다."

"뭐에요? 아저씨, 우리도 바쁘단 말에요!"

"그러니께, 고것이, 저 찌가 거시기유. 바람 때미 그러는 것두 아니구, 물결 때미 그런 것두 아뉴! 찌는 말뚝 마냥 지 자리에 그대로 있는 것인디, 저것을 보는 우리덜 마음이 흐렸다가 개었다가 험시로 수시로 흔들리는 거라구 봐유."

"어머? 세상에."

"오머! 어쩜?"

말이 돼는 소린지 어떤지 자신도 모르는 소리를 하고 있는데, 배꼽바지와 수박가슴은 놀래서 벌어진 입을 다물지 못하고 있었다. 바로 그때, 세찬 바람이 불어와서 전상배의 새마을 모자를 날려버렸다. 번쩍거리는 머리, 어제 배코를 쳐서 눈부시게 빛나는 그 머리를 보고 남자들도 공손히 머리를 숙였다.

"스님! 몰라 뵈어 죄송합니다. 어느 절에 계시는지요?"

그 말을 듣고 이번에는 전상배의 눈이 뒤집어졌다.

"뭐여? 시님? 이런 시벌늠들, 누구 헌티다가 중이라는 겨?"

말과 동시에, 방금 전까지 눈치께나 주던 꽁지머리의 얼굴을 사정없이 들이 받았다.

"어머? 동진씨. 어머? 이 피 좀 봐! 이 땡초야, 소림사면 다냐?"

졸지에 코피가 터진 녀석과 그의 친구, 애인들이 한꺼번에 달려들었다. 그중에서도 받침대를 들고 설치는 배꼽바지를 보면서 어떤 배신감을 느낀 전상배는 눈물을 뿌리며 돌아섰다.

"저 땡초 잡아라."

"소림사! 너 거기 안 서?"

유서 깊은 사찰까지 욕을 보인 전상배는, 여자들이 볼 일을 보고 왔던 솔수펑이를 지나서 슬픈 전설을 간직하고 있는 옥녀봉 계곡으로 달려갔다. 쫓아 오는 사람들이 없는데도 눈물을 펑펑 쏟으며 계속 달렸다. 제 애인을 때렸다고 물어뜯으려고 하던 배꼽바지한테서 될 수 있는 한 멀리 가고 싶었다.

그 뒤로 그의 모습을 본 사람은 아무도 없었다. 그러나 잊을만하면 고함을 질러서, 그 소리는 메아리로 메아리로 퍼져 나갔다.

'나넌, 우루과이 라운드를 환영헌다아. 농수산물이나 수입허지 말구, 미국 처녀들두 수입해라! 미국 처녀들도 수입해라아아아…….'

생활유격대 16

하지 않고 그냥 자도, 하고 나서 닦지 않고 그대로 잔 것처럼 끈적거리고 거시기 하던 열대야도 물러가고 그동안 밀린 사랑 몰아서 하기 사뭇 좋은 계절이 찾아왔어도, 남들처럼 색다른 반찬 한 가지 구경 못 하고 노다지 콩나물국에 김치 한 가지만 얻어먹고 살아가는 조용갑이는 오늘도 신새벽부터 홀로 잠이 깨어 있었다.

대형할인마트 때문에 그의 슈퍼마켓은 문 닫을 지경이 돼 버렸고. 그때부터 마누라는 밤낮 징징거리다 못해 접때부터는 잠자리마저 거부하고 서방을 밥만 축내는 의붓자식 취급을 했다. 없어서 못 하는 노총각도 아니면서 부당하게 겪어야하는 육체적 그 고통은 오랜 무직생활에서 받아온 설움에 버금가는 것이었다.

곰곰이 따져보니 벌써 석 달째 이런 성고문에 시달리고 있었다. 저도 사람인데 먹고사는 일이 아무리 힘들고 고달파도 본능에

호소하면 먹혀들 것 같아서 오늘도 집적거리다가 호되게 꼬집히고 말았다. 번번이 쪽박만 깨는 것이 더럽고 치사해서 그만 두려고 했지만 오늘은 벌초하고 나서, 근처에 있는 낚시터 구경이라도 하고 올 작정이라 미끼 값을 타내려고 그랬지만 굳게 닫힌 성문은 열릴 줄을 몰랐다.

아침도 안 먹고 집을 나서도 그의 아내는 테레비 앞에 앉아서 불륜에 빠진 아침 드라마만 보고 있었다. 같이 벌초 가기로 한 최성종이네 식당으로 가니 최는 새로 장만한 레저용 차를 신참 헌병이 고참들 워커 광내듯이 하고 있었다.

"그만 닦아라 , 철판 빵꾸 나겠다."

"……."

못 들은 척 하고 제 할 일만 하고 있던 최는 잠복 중인 형사같이 날카로운 시선으로 오랜 친구의 얼굴보다 신발부터 먼저 살펴보는 것이었다. 그러나 평소에 끌고 다니던 꼬질꼬질한 운동화가 아니라 물걸레질 한 번에도 금방 반질반질해 지는 고무장화를 신고 있어서 저도 더 이상 할 말이 없는 모양이었다. 억만장자가 귀금속이 가득한 안방의 금고문을 여는 듯한 모습으로 차 문을 열고 운전석에 앉는 그를 보고 조용갑이는 김치로 반찬 했던 속이 뒤집혔지만 꾹 참고 조수석에 앉았다.

그들의 조상은 택지개발로 인해 멀지도 가깝지도 않은 어중간한 거리의 시립공동묘지에 이장을 해 놓은 터였다. 음양의 조화가 뒤틀려버린 사람에겐 벌초도 매우 성가신 노릇이라서 얼굴도 모르는 조부모 산소는 물론이고 제 부모들 유택도 처삼촌의 그것처럼 대충대충 해버린 용갑은 점심 전에 벌써 공동묘지 입구에 있는 저수지에 앉아 있었다. 한참 뒤에 내려 온 최성종이도 받침대 하나 달랑 꽂고 요즘 유행인 중층낚시로 처음부터 정신없이 끌어내고 있었다. 그는 무슨 낚싯대 제조회사의 스텝이자 프로 낚시인답게 우아한 모습으로 우리 토종붕어에 비해 미적지근한 떡붕어들의 손맛을 한껏 즐기면서 옆에 앉은 바닥낚시꾼의 심기를 불편하게 하고 있었다. 그때까지 피라미 입질도 한 번 못 받고 있던 조용갑의 인내에도 드디어 한계가 왔다.

"떡을 칠……. 언제부터 떡붕어가 고기 대접 받은 거야? 저 방정맞은 입질하곤, 쳇쳇쳇……. 붕어낚시는 모름지기 찌 보는 맛인데 저걸 낚시라고 하고 있으니, 에이……."

제수용으로 가져 왔던 말라비틀어진 북어를 안주삼아 소주병 따기에 바빴던 그의 발치에는 벌써 빈 병이 두개나 나뒹굴고 있었다.

"이봐! 내가 지금 하고 있는 이 낚시는 예술이라고. 지렁이 비린내, 떡밥 쉰내에 절어서 하는 그런 고색창연한 낚시는 이제 발붙일 곳이 없어. 자네도 더 이상 고집 부리지 말고 어렵더라도 중층낚싯대 한 대 장만해서 업그레이드 된 낚시를 즐겨 보란 말야. 슈퍼마켓에 감시카메라 설치하고부터 삥땅을 못 치면 날 잡아서 마누라 서너 번 숨 넘어 가게 만들면 되잖아? 그건 자네 특기잖아? 어? 또 왔어. 으랏차차아 오우! 이 손맛……. 최프로 오늘 날 받았구만. 이럴 때 낚시 기자들이 촬영을 해야 되는데, 어? 어? 이리 와 이리 와!"

옆에 앉은 친구 골병들기 딱 좋은 소리만 하고 있는 최의 낚싯대가 또다시 멋진 포물선을 만들어 내고 있었다.

"손맛 좋아 하네! 붕어낚시는 손맛이 아니라 아주 천천히 올려주는 찌올림, 꼼짝하기도 싫은데 밑에서 굵은 붕어가 밀어 올리는 바람에 억지로 올라 오는듯한 그 찌올림. 열 시간 만에 한 번을 봐도 그런 찌올림을 보는 것이 바로 붕어낚시의 매력이야. 손맛은 나중이라고."

혼자서 세병 째 마시고 있는 조용갑의 말투에는 어느새 취기가 배어 있었다.

"놀고 있네! 낚시는 손맛이야. 이히히, 또 왔다. 그런데 눈맛 즐긴다는 사람이 어째서 소주병만 입에 물고 계신거야? 잘가라, 손맛 고마웠다."

미운 놈 고운 데 없고, 마디에 옹이라고, 멸치 같은 피라미 몇 마리만 잡아도 라면으로 어죽을 끓여서 환장을 하고 먹던 최성종이가 지금은 잡는 족족 붕어를 다시 놓아주며 민물고기라면 사족을 못 쓰는 조용갑의 심사를 눈에는 보이지 않는 칼로 푹푹 찔러대고 있었다.

"뭐? 놀고 있어? 그래, 손맛 좋아하는 놈들이 과부촌이나 노래방에 가면 도우미들 얼굴은 왜 따지는 거야? 취하기도 전에 손맛 본다고 주무르기 바쁜 인간들이 조명도 어두운데서 얼굴은 왜 따지냐고, 이 진상들아! 그리고 어려서 플레이보이 잡지 보고 나서 손맛(?)봤지, 손장난하고 나서 플레이보이 재독하고 정독하고 열독한 놈 있으면 나와 보라고 해. 없지? 손맛은 눈맛 다음이란 말야, 알겠어? 그리고 아까부터 자꾸 프로를 들먹이는데 한 번 물어보자. 최프로님 연봉이 얼마나 되십니까? 딸꾹……."

기어코 조용갑의 술버릇이 나오고 있었다.

"이런 속물하고는, 낚시를 예술의 경지로 끌어 올린 프로들이 그까짓 돈 몇 푼에 연연하겠어? 연봉이야 그저 일 년 동안 맘 편하게 낚시 다닐 정도면 되고, 돈 보다는 침체 일로에 있는 우리 낚시계를 위해 헌신하는 것이 우리 프로들의 임무이자 사명이야. 어디 가서 그 따위 소리 하지마, 사람 우습게 보인다."

최는 프로의 모범을 보이느라고 걸핏하면 육두문자로 상대를 제압하던 옛날과는 달리 조금도 흐트러짐이 없었다.

"그러면 그쪽 프로들은 별거 아니구만. 낚시장비나 협찬 받고, 연봉은 경비로 다 들어간다는 말인데, 그렇다면 나야말로 진정한 프로라고. 평생 먹여주고 재워주는 우리 마누라가 있으니 나야말로 진정한 의미의 프로 아니겠어? 그러니까 거 뭐냐? 생활을 보장해 주는 영원한 스폰서를 달고 살아가는 이 사람을……. 옳커니 생활프로라고 불러주게. 여보게 최프로, 나 이사람 조용갑이를 이제부터는 생활프로라고 불러달란 말일세. 하하하, 반소사곡굉이침지飯疎食曲肱而枕之라, 나물 먹고 물마시고 팔 베고 누웠으니, 이 사람 조 생활프로님도 이만하면 세상 부러울 것이 없다네. 하하아하."

가게에서 미리 빼돌렸던 대여섯 병의 소주가 그동안 내주장에 짓눌려 살아왔던 남자의 응어리를 배배꼬인 모습으로 풀어내고 있었다.

"그만 가지."

자칭 생활프로의 주정하는 꼴을 보다 못한 최프로가 후다닥 자리를 접고 일어났다.

"먼저 가시게. 나는 더 즐기다가 요 넘어 대추리에서 버스 타고 귀가하실 모양이니까, 최프로님 먼저 가시지요. 보시다시피 장화도 엉망진창인데 새 차 얻어 타고 가면서 눈치 보는 것도 할 짓이 아니잖소."

"그럼 뒤에 와."

최성종이는 두말없이 차를 몰고 가버렸다. 기다리고 기다리던 토종붕어의 입질이 세 칸 대의 찌 밑둥까지 밀어 올리는 기가 막힌 장면을 연출해도 술에 취한 생활프로님은 풀밭에서 곡굉이침지만 하고 있었다.

해가 설핏해서야 반 정신이 돌아 온 조용갑은 서둘러서 짐을 챙겼다. 하루에 서너 대 밖에 없는 버스를 타려면 지름길인 살피재 고개를 넘어가야 막차를 탈 수 있겠던 거였다. 옛날 생각만 하고 산길로 접어 든 조용갑은 비지땀을 흘리면서 고개를 오르고 있었다. 사람 발길이 끊어 진 지 이미 오래인 그 길은 잡목과 칡넝쿨로 뒤엉켜서 갈 길 바쁜 사람의 발목을 한사코 붙들고 늘어졌다.

차를 놓칠 까봐 죽을 고생을 하며 덤불속을 헤쳐 나가던 조용갑은 군대 유격훈련보다도 더 고통스러운 코스에서 저도 모르게 탄식이 터져 나왔다. '씨바! 인생살이 고비 고비마다 돌밭 아니면 가시밭길 뿐이니, 무슨 놈의 팔자가 이런 놈의 팔자가 다 있냐? 입이 방정이라고 생활프로가 아니라 나야말로 생활유격대구만. 사는 것

자체가 유격훈련이네!'

고립된 유격대원의 발길을 꽁꽁 묶어버린 살피재의 숲속으로 짙은 어둠의 장막이 내리고 있었다.

PART Ⅲ

세월이 하수상하여...

BB킴 여사 17

망둥이들은 쉴 새 없이 미끼를 물고 늘어졌지만, 나는 도무지 재미를 느낄 수가 없었다. 그것은 망둥이낚시가 고목(?)을 부둥켜안고 자는 것처럼 무미건조해서 그런 것만은 결코 아니었다.

자고이래로, 생선과 여자는 팔딱팔딱 뛰어야 제 값이 나간다고 일러왔지만, 망둥이만큼은 절대로 뛰어서는 안 된다는 뜻의 속담도 있으니, 굳이 손맛 없는 그 고기만 탓할 일도 아니었다. 그리고 나는, 코흘리개 시절부터 부산 자갈치에서 꼬시래기 낚시로 시간 가는 줄을 몰랐으니 망둥이 예찬까지는 몰라도, 그놈을 무시할 생각은 손톱만치도 없었다.

또다시 툭 치면서 시비를 걸어오는 듯한 입질이 왔지만, 고물 쪽에서 출랑거리고 있는 마누라가 걱정이 돼서 그냥 먹고 가라고 내버려 뒀다. '뭐가 뛰니까, 망둥이도 뛴다' 고 요즘의 우리 마누라가 꼭 그 짝이었다.

내가 속한 직장 낚시회에서 이번 정기 출조는 반드시 부부동반을 해야 된다는 통지를 받았을 때, 이미 하늘이 노랗게 보였었다. 총무과장이자, 낚시회 총무도 겸하고 있는 엄 과장은 매사에 빈틈이 없는 인물이었다. 그는 비 가정적인 몇몇 회원이 이 핑계, 저 핑계를 대고 짝 없이 혼자 나올 것을 미리 알고 회원들의 집에 엽서를 보내고, 안사람들에게 일일이 전화를 해서 부부동반이 아니면 인사고과에 반영 된다는 엄포까지 놨던 거였다.

얼마 전에 미용실을 확장하고, 선전에 혈안이 돼 있던 마누라는 너무 좋아서 팔짝팔짝 뛰었다. 아르바이트 학생들과 아줌마들을 동원해서 선전지도 얼마나 많이 뿌렸는지, 그 구역 담당 환경미화원들은, 'B, B 킴 헤어 스튜디오' 라면 이를 부드득 간다는 소문도 들리는 형편이었다. 'B, B 킴' – 그것은 마누라 스스로 갖다 붙인 아호였다. 남편의 수입이 변변찮아서 사업을 하는 것도 좋고, 부업을 하는 것도 다 좋은데, 제발 혀 꼬부라지는 소리는 하지 말라고 말릴 적마다, "요즘 사업을 하는 능력 있는 여성들 치고, 세련된 이름으로 안 바꾸는 사람이 없어요. 지난번에 제 여고동창 '헬레나 조' 가 드레스 숍을 오픈했을 때, 멋도 모르고 화분을 보냈다가 얼마나 망신을 당한 줄 알아요? 열 개 가까이 되는 축화화분의 리본엔, 샤넬 리, 이사벨라, 챠밍 쵸이, 같이 세련되고 시대에 걸 맞는 이름들이 개업축화화분을 더욱 더 돋보이게 하고 있었고, 우리 친구들 중에서 제일 촌스럽고 공부도 꼴찌였지만, 화장품은 제일 많이 가지고 있었고, 지금도 화장품 매장을 열고 있는 오덕희라는 애는 오드리로, 덕희하고 오십보백보였던 강미선이는 미셀 강이라고 고상한 척을 하고 있던데, 제가 보낸 몬스테라 화분에만 '축 개업, 김삼례' 라고……. 아유! 지금도 그때 생각만 하면 얼굴이 화끈거린다니까!" 하고 내말을 듣지 않았다. 같이 살아오면서 한 번 한다면 꼭 하고 마는 성격임을 잘 아는지라 더 이상 뭐라고 할 생각도 없었지만, 어쩌나 보려고 '미세스 킴 헤어 스튜디오' 로 하면 어떠냐고 하니, "내가 좋아하는 칼라가 바로, 블랙하고 블루잖아요. 블랙과 블루를 사랑하는 김여사, 'B, B 킴' 얼마나 세련되고 컬러풀해요? 그리고 또 'B, B 킹' 이란 유명한 흑인 재즈 가수도 있고, 너무나 유명한 영화배우 비비안 리하고도 발음이 비슷하잖아요!" 하고 사람을 놀라게 하던 거였다. 그도 그럴 것이, 집에 있는 비디오테이프나 카세트테이프란 것이 죄다, 되다 만 국산 에로물이거나, 캬바레 메들리, 차차차 메들리 같이 질 낮은 것들 뿐이어서 내가 놀란 것도 무리가 아니었다.

입질이 와도 내 몰라라 하고 한숨만 쉬고 있는데, 우리 마누라 'B, B 킴' 은 동료들 집사람들에게 그 잘난 놈의 명함을 뿌리고 있었다. 그 명함이 또 물건이었다. 이름만으론 양이 덜 찼는지, 제 초상까지 큼직하게 박아 놓은 것이었다. 사진을 놔두고 하필이면 초상화로 대신했는가 하면, 사진은 속일수가 없어도 그림은 얼마든지 덧칠이 가능하기 때문에 그런 거였다. 아니나 다를까, 명함을 받아든 동료의 아내들도 명함속의 양귀비(?)와 실물을 비교하면서 고개를 갸웃거리고 있었다. 동료들도 나 하고 눈이 마주치면 실 실 웃는 통에 그야말로 죽을 맛이었다. 모여서 점심을 먹을 때는 목이 메어서 김밥이 솜뭉치 같았다.

'밉다, 밉다하니, 요래도 밉소?' 하더라고, 오후에는 저도 낚시를 하겠다고 '갯지렁이를 끼워 달라' '옷에 걸린 바늘을 빼 달라' 하면서 사뭇 성가시게 굴었다. 만사가 귀찮아서 점심 먹은 것이 체했다는 핑계를 대고 조타실 한 구석에 누워버렸는데, 느닷없이 'B, B 킴' 의 비명이 뱃전을 뒤흔들었다.

낚싯대를 채는 순간에, 왕밤만한 봉돌이 튀어 오르면서 눈을 정통으로 맞은 거였다. 죽는다고 아우성을 치다가 한참 만에 제 정신이 돌아온 마누라는 창피해서 얼굴을 못 들었고, 그것으로 해서 낚시도 파장이었다. 인천 연안부두로 돌아와서 각자 헤어질 때, 간크고(?) 술 좋아 하는 몇몇은 집사람들만 먼저 보내고 자기들은 뒤로 처지는 모양이었다. 나도 당연하게 그쪽으로 합류했다. 엄 과장의 선글라스를 빌려 쓰고 있던 마누라가 나를 노려봤지만 그 얼굴 안 보이는 곳에서 얼큰하게 취하지 않으면 안 될 것 같아서, 문상 갈 곳이 있다는 뻔한 거짓말로 떨쳐버렸다. 비슷한 처지의 사내들끼리 어시장의 횟집에 다시 모여서 서방을 우습게 알아 버릇하는 마누라들의 흉도 보고 희희덕거리다가 집으로 돌아가니, 'B, B 킴' 의 눈두덩은 어느새 시퍼런 피멍이 들어 있었다. 그것을 보는 순간, 번쩍하고 머리를 스치는 것이 있었다. 나는 후다닥 아들 방으로 달려가서 영어사전을 펼쳤다.

과연, 우리 마누라는 선경지명이 있어서 제 이름 하나는 제대로 갖다 붙인 셈이었다. 사전에는 다음과 같이 기술하고 있었다.

'블랙 엔드 블루'—시퍼렇게 멍이 들도록 얻어맞은—

아무것도 모르는 'B, B 킴' 여사께서는, 눈두덩을 문지르고 있던 달걀로 웃고 있는 나를 겨냥하고 있었다.

“ “무직유죄無職有罪고 유사무죄有士無罪여!” 안전화가 끓어 넘치는 라면을 저으면서 중얼거렸다. “무직유죄는 알겠는데 유사는 뭐야?” 털모자가 주머니에서 꺼낸 소주 한 병을 종이컵 세 개에 따르면서 말했다. “유력인사의 준말이야!” “젠장, 그런 말은 옛날 고려 적부터 있었고, 몇 년 전에는 지강헌池康憲이란 탈옥수가 동료들 하고 신촌의 어느 가정집에서 제 머리에 권총 들이 대고 ‘시발놈들아! 유전무죄, 무전유죄인 세상이 좆같아서 못 살겠다!’ 하고 악을 쓰다가 죽어갔는데, 그 당시는 조용하다가 요새 갑자기 그 말이 부쩍 뜨는 이유가 뭐야?... ”

—〈여의도 이야기〉 중에서

PART Ⅳ
이 사람들 좀 보소!

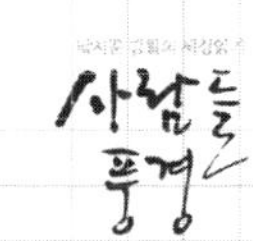
사람들
풍경

PART Ⅳ
이 사람들 좀 보소!

그 나물에 그 밥 18

"뭐? 고기가 모자란다고? 이런 대그빡에 똥만 가득 찬 새끼들! 술 마시고, 노름하고, 연애 할 때는 물불을 안 가리는 놈들이 그까짓 고기장사들 못 휘어잡아서 맨 날 끌려 다녀? 이게 나 혼자 잘 되자고 이러는 게 아니잖아? 내가 잘 되면 너희들도 덩달아서 크는 건데 도대체 사명감을 가지고 움직이는 놈이 한 놈도 없어. 말로 해서 안 되면 족치란 말야, 이 자식들아!"

회전의자에서 벌떡 일어 난 장포씨의 불끈 쥔 주먹이 부르르 떨고 있었다. 예전 같았으면, '야! 이 새끼들 한 놈씩 앞으로 나와.' 하고 닥치는대로 걷어차고, 두들겨 패고도 남았지만 지금은 상대 후보에게 꼬투리를 잡힐까봐 많이 참고 있는 것이었다.

그는, 해결사로 시작해서 물장사, 땅장사, 노름판의 돈장사까지 하면서 오늘에 이르렀지만, 어제의 인간 망종이 내일의 시의원이 안 된다는 법도 없고 주먹은 국회에서도 난무하고 있으니, 지방자치제 바람이 본격적으로 불기 시작한 지금부터는 놀아도 그런 바닥에서 놀아 볼 작정을 한 것이었다. 그러나 풀뿌리 민주화를 위해서 한 목숨 바치겠다고 결심한 인물들이 동네마다 넘쳐났고, 장포씨의 선거구도 예외는 아니었다.

이 땅의 민주화가 더딘 것이 모두 자신들의 과오로 알고, 유신과 5공 치하에서도 아무 생각 없이 잘 먹고 잘 살면서 닭 모가지나 비틀었던 모리배들과 파렴치범들까지 발 벗고 나섰으니 이전투구, 개판도 이런 개판이 없었다.

그중의 한명인 이장포도 '나, 이장포 가진 건 돈 밖에 없시다'. '이런, 씨벌! 돈 죽지, 사람 죽어? 올인이야!' 이런 식으로 살다가 출마를 했으니, 그의 선거 전략이란 것도 돈 놓고 돈 먹는 야바위판에 다름 아니었다. 그리고 당선만 되면 무슨 짓을 해서라도 들어 간 돈의 몇 배를 뽑을 자신이 있으니, 이렇게 좋은 풀뿌리 민주화를 왜 진즉 실시하지 않았는지 그것이 원통할 정도였다.

사방에 벌려 놓은 실내낚시터도 그의 머리에서 나온 전략이었다. 입장료는 형식적으로 받되 시간제한도 없고, 고기는 그야말로 찌 세울 틈이 없을 정도로 무한정 쏟아 붓는 것이었다. 그리고 그것이 제대로 들어맞아서 그의 실내낚시터는 밤낮으로 사람들이 넘쳐났다. 다른 후보들도 뒤늦게 따라하려고 했지만 그럴만한 장소는 이미 동이 났고, 설령 있다 해도 장포씨 똘마니들이 무서워서 세 놓겠다는 건물주도 없었다. 상대 후보들이 불법이라고 물고 늘어지면 바지사장들을 내세워서, '이것은 엄연한 영업행위이고, 박리다매 상

술이다!' 하고 빠져 나갔다.

경로우대증 소지자는 반액이어서 동네 노인들의 팔목과 어깨에선 파스 냄새가 진동 했고, 낚시의 '낚' 자도 모르는 아주머니들도 장바구니 들고 반찬거리 장만하려고 오는 실정이었다. 그동안 붕어매운탕이나 향어회에 질렸다는 고객들의 의견을 반영해서 요즘은 인천 앞바다에서 물을 길어 오고, 어종도 양식 우럭과 광어가 주종을 이루고 있었다. '이장포 실내 낚시터 특별 우대권' 도 무한정으로 뿌려서, 이제는 동네 개들도 생선 한 마리 씩 물고 다닐 정도였다.

이후보가 향우회장등과의 점심 약속이 있어서 선거사무실을 나서는 순간, 역전에 있는 38호 낚시터에서 사고가 났다는 연락이 왔다. 이 후보는 즉시 비상을 걸고 사무실에 있던 대기조를 이끌고 달려갔다. 싸움은 역 광장에서 벌어지고 있었다.

'저 새끼, 잡아라' , '죽여, 죽여' , '또치! 니가, 나 한테 이럴 수 있어?' , '그러면? 내 밥그릇 콩을 빼 먹는데 가만히 있으란 말야? 시발놈아!' , 박 터진 놈, 코 깨진 놈, 엎어진 놈, 자빠진 놈, 용 무신, 호랑이 문신, 총천연색 문신들이 수많은 관객들 앞에서 이소룡이 주연했던 용쟁호투龍爭虎鬪의 한국판을 사실적으로 찍고 있었다.

"어떻게 된 거야?"

이 후보는 쇠파이프를 들고 설치는 팀장 '오랑캐' 의 멱살을 잡았다.

"저 새끼들이 수조에 농약을 풀어서, 고기가 다 죽었어요!"

"뭐? 농약? 누구한테 오다 받았데?"

"저것들, 빤빤이 형, 식구 아닙니까?"

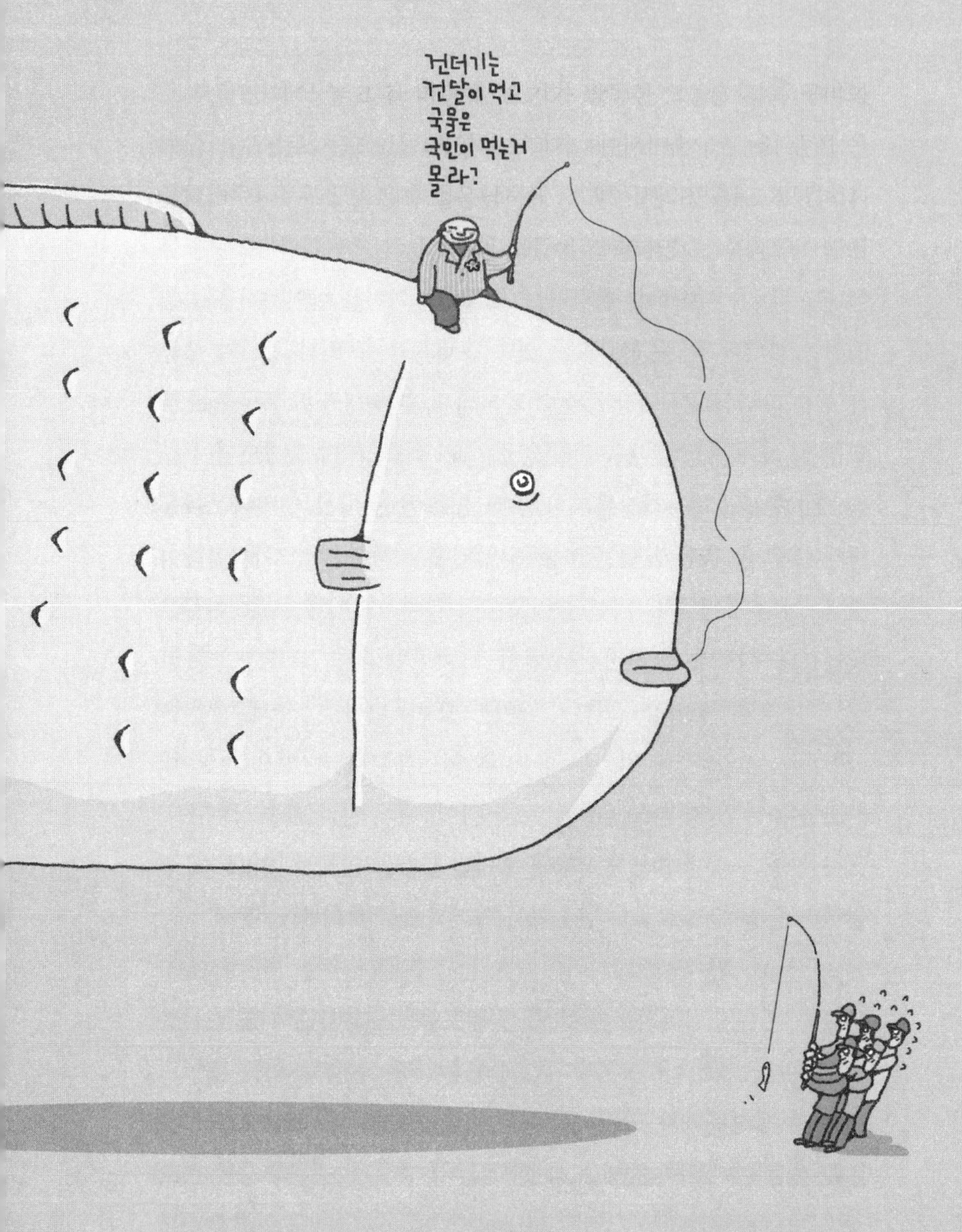
건더기는
건달이 먹고
국물은
국민이 먹는거
몰라?

"뭐? 빤빤이가? 가자. 그 새끼, 어딨어?"

민주화 투사(?)들이 한 목숨 초개 같이 버릴 작정으로 우르르 달려가는 모습을 보고, 구경꾼들도 한결같이 어두운 표정으로 발길을 돌렸다. 그리고 이런 대화를 주고받는 노인들도 계셨다.

"국회도 그 꼴이고, 저것들도 저 꼴이니, 앞을 보나 뒤를 보나 막막하구먼. 왼통 건달들뿐이니, 쯧쯧쯧……."

"이런, 젠장! 아, 그걸 오늘에야 알았어? 건더기는 건달들이 먹고, 국민들은 국물이나 마신다고 해서 가로 왈 국민인게야! 어차피 우리하곤 상관이 없는 것들이니까 신경 쓰지 말고, 자네나 나나, 옷에 국물 흘려서 며느리한테 구박이나 받지 않도록 하세. 위를 보나 아래를 보나, 그 나물에 그 밥일쎄!"

국경일 19

철 지난 바닷가도 그렇지만, 납회 끝낸 수도권의 민물출조 전문낚시방도 괜스레 왔다리 갔다리하는 사람들뿐이었다. 짬만 있으면 먼 곳의 해초나 수초 밭에 가서 세워 버릇하는 찌들 중에서도, 한사코 민물만 고집하는 찌들이 바로 그들이었다. '얼음 얼 때 까지만이라도, 바다에 한 번 가보라' 고 권해도 막무가내인 그런 사람들은 낚시방마다 몇몇은 꼭 있던 거였다.

그리고 금년에는 '시국이 어수선해서 못 가겠다' 는 핑계를 대는 사람들도 여럿이었다. 하기야 '리퍼블릭 오브 코리아' 의 대통령이었던 두 사람이 사이좋게 징역살이를 하게 생겼다고 연일 해외토픽란에 실렸다는 소문도 무성하니 그럴 만도 했다. 그러나 투견대회의 맹수들 같이 우악스럽고 화끈한 바다낚시의 묘미를 모르고 늙어가는 것이 안타까워서, 아무리 바람을 넣어도 끝끝내 말을 안 듣는 인물들은 꼭 있었다.

없어도 있는 것 같고, 있어도 없는 것 같이 조용하고 다소곳하다가, 정작 손길 닿는 곳마다 전신이 성감대인 여인의 교성嬌聲 같이 사람 미치고 환장하게 만드는 토종 붕어의 찌 올림과는 달리, 노다지 빨아들이기만 하는 바다 찌는 전희가 없는 거시기 같아서 흥미를 못 느낀다는 것이 그들의 변이었다.

민물에 못 갈 바에는 시간 가는 줄 모르고 즐길 수 있는 '바둑이' 나 '훌라' 하는 재미도 찌 보는 재미 못지않다는 낚시꾼들이 오늘도 그렇게 낚시방에 모여 있었다.

"어? 이게 누구여? 자나 깨나 국가와 민족을 걱정허니라고, 아파트 얻어 준 애인헌티도 들를 짬이 없다는 허통대 슨생이, 개뿔두 생기는 것 없는 이런 낚시방엘 다 오너서 자리럴 빛내 주신댜?"

포커페이스하곤 거리가 먼 표정관리 때문에, 그의 돈은 먼저 보는 사람이 임자라는 궁전뷔페 주인 박홍신이, 오랜만에 낚시방에 온 허문덕을 보자마자 첫 입질부터 화끈하게 물고 흔들었다. 5남매의 장남으로 의무교육만 간신히 받고 상경해서 살인과, 신체 조건상 여자들만 할 수 있는 그 장사 빼고는 안 해 본 것이 없다는 그는, '통일주체국민회의 대의원' 출신인 허문덕과는 양식장 주인과 기름배 선장처럼 서로 상극이었다. 둘 다 체육관에서 대통령을 자신들의 손으로 직접 뽑는 '통대' 가 되려고 더럽게 싸웠으나, 돈은 많아도 배운 것이 워낙 없는 박이, 도피성이긴 해도 일본의 무슨 학원까지 수료한 허에게 밀린 뒤론 사사건건 부딪치고 서로 물어뜯으려고 하는 사이였다.

그러니 오늘도 박의 돈을 먼저 본(?) 사람이 많아서, 그는 일찌감치 뒷전으로 나 앉아서 속을 끓이고 있던 차에, 때 맞춰서 나타나 준 허문덕이 고맙기 까지 하던 거였다. 그러나 안마시술소와 터키탕까지 운영하는 허문덕도, 돈 잃고 속 안 좋은 사람의 언어폭력을 한 귀로 듣고 한 귀로 흘려버릴 생각은 처음부터 없었다.

"꼬라지 보이까네, 진작 거덜 난 모양인데 쯔쯔쯔……. 묵 내기 화토판에서 비조리, 이노시카에 울고 웃던 촌놈이, 인자 쪼매 살만해졌다꼬 천지도 모리고 도람뿌 만지믄 우찌되는 지 아나?"

"워치기 되는 디?"

"우찌되기는 우찌 돼! 부페식당 처분해서 노름빚 갚고, 식구대로 깡통 하나씩 차고 이 집, 저 집 돌아 댕기믄서 진짜, 원조 부페를 얻어 묵고 사는기지, 밸 수 있나?"

무작정 상경 해서 얼마동안은 정말로 얻어먹으며 살았던 박은, 깡통 밥에 원한이 맺혀서 살만해 진 뒤론 통조림 음식도 잘 안 먹는 사람이었다. 그런 그가, 그런 모진 말을 듣고도 그대로 있을 리는 만무했다.

"뭐여? 이런 시벌 늠! 너거들이 체육관이서 대통령으루다 뽑았던 그 인간, 오늘 부로 꼴까닥했는디, 너두 하냥 가구 잡냐?"

"이거, 말 하는거 보래? 이거, 참말로 몬 됐네. 니 진짜 죽고 싶나? "

"시방, 나 겁 주냐?"

"됐나?"

"그려."

나이 값 못 하는 두 사람이 탐색전도 없이 곧바로 우당탕하고 붙어 버렸다.

"보수우익들끼리 치고 박아도 말리지는 않고, 팔짱끼고 구경만 하는 우리들은 영락없는 좌파구만!"

낚시방에서 만나면 할 수 없이 눈인사야 하고 지내지만, '부폐박' 과 '터키 허' 를 평소에도 우습게 알아버릇해 온 개인택시 하는 김동식이 사람들을 돌아보면서 뼈 있는 소리를 했다.

바로 오늘, 1995년이 저물어 가는 12월 3일 꼭두새벽에 '서울 2버 4442' 검정색 프린스 승용차에 실려서 안양교도소로 직행한 반란수괴 전두환이 연행되기 직전에 발표한 골목성명에서, 제 편 안 드는 국민들은 죄다 '좌파!' 라는 식으로 발언을 했으니, 전직 대통령이 그렇게 되는 꼴을 보고 고소해 하는 수많은 백성들은 자동적으로 좌파가 되고 말았던 거였다.

"그렇네! 그런데 그 보수우익들이 율곡사업의 돈까지 잘라 먹은 것은 엄청난 이적행위잖아! 그러면 그것들이야 말로 지하에서 암약하던 빨갱이 아니겠어?"

편의점 하는 백수길의 말에 이어 '그건, 국가보안법에도 저촉되는 범죄가 분명한데, 그렇게 되면 '전통' 하고 '노통' 의 죄명이 도대체 몇 개가 되는거야' 하고 사철탕 집 주인 주경진이 끼어들었다. 싸움은 말리는 사람이 있어야 전의도 불 타 오르고, 할 맛도 나는 법인데 모두가 팔짱을 끼고 구경만 하고 있으니 두 사람은 초반전에 이미 맥이 풀려버렸다.

"내가 다시 니늠하고 마주치면 사람이 아니여."

박홍신이 벗어던졌던 파카를 집어 들자, 허문덕도 탁자에 벗어 놨던 안경을 집어 들고 숨고르기를 하고 있었다.

"그러지들 말고, 오늘은 기쁜 날이라고 음식을 공짜로 제공하는 식당, 비싼 차를 거저 주는 전통찻집, 또 뭐를 무료로 준다는 가게들이, 계속 뉴스에 나오던데 궁전부페도 그렇게 전향적으로 놀면 어떨까?"

그때까지 아무 말이 없던 송총무의 말에 '재청이요.', '금년 마지막으로, 제일 쓸만한 소리를 하는구먼', '난 저런 총무가 좋아서, 신도시로 이사를 갔어도 여기에 계속 오잖아.' 하고 도매금으로 좌파가 됐던 사람들이 웃으면서 한마디씩 거들었다.

그 소리를 듣고 한동안 머리를 갸우뚱거리던 박홍신이 민주정의당 동책(洞責)으로, 선거 때마다 밤중에 돌아 다니며 봉투 돌리다가 걸리면, 상대편 당원들도 물고 들어가던 물귀신답게 "그려! 좋아, 우리 부페두 시방 버텀 내일 까장 무료봉사여. 그 대신 허가 너두 공평허게 안마시술소랑 터키탕 저기 허야 여." 하고 허문덕을 물고 들어가자, "이거, 참말로 인간 안 되겠네! 이누마야. 부페야 얼마든지 공짜로 줄 수도 있지마는, 안마시술소하고 터키탕 공짜라 카믄, 여드름쟁이서부터, 꼬부랑영감까지 수 천, 수 만 명이 나라비를 설낀데, 우리 아가씨들이 무쇠로 만든 로보뜨가? 안마까지는 그런대로 한다해도, 그 다음 코스는 우짜는데? 너거 집 여자들도 전부 와서 거들어 준다 해도 될 일 이 아이다. 이놈아!" 하고 두 말 못하게 매듭을 지었다

"뭐시여! 우리 마누래를 뭐여? 보자보자 허니께, 이런 시벌 늠!"

또다시 발끈한 박홍신이 이빨을 사려 물고 박치기로 나오는 것을 중간에서 가로 막은 송충무가, "됐어. 그만해. 그리고 정말 기쁜 날이라면, 오늘 하루만 먹고 마시고 띵까띵까 할 것이 아니라, 역사에 길이 남도록 12월 3일은 국경일로 정해야 옳은 일 아니겠어? 12월 3일은 국경일로 말이야." 하면서 정말로 역사에 길이 남을 발언을 했고, 좌파(?)인 구경꾼들도 모두 머리를 끄덕이며 동의를 하고 있었다.

PART Ⅳ
이 사람들 좀 보소!

여의도 이야기 20

용산역 부근의 무료급식소에서 제공 받은 따뜻한 밥을 순식간에 싹싹 긁어 먹은 김재기씨는, 곧장 일어나지 않고 말끔하게 비운 식판만 보고 있었다. 허겁지겁 먹고 하루치의 목숨을 연장 받고 나면, 목적지를 알려주는 이정표도 어디쯤에 있는지 모르는 자신의 처지가 기가 막히던 거였다. 한참 만에 식판을 반납하고 고마운 사람들에게 꾸벅 인사를 하고 돌아선 그는, 역 광장과 대합실을 돌면서 담배꽁초를 주워 담았다.

다시 광장으로 나온 그는 발길 닿는 대로 무작정 걷고 있었다. 여느 때 같으면 무임승차한 전철을 타고 지하도에서 밤새 얼었던 몸을 녹이며 단잠에 빠질 시간이었지만, 오늘 따라 코끝을 스치는 봄 냄새가 그를 끌고 가는 것이었다.

새벽 인력시장에서 애타게 일감을 기다리다가 태워 먹은 바지가랑이만 보면서 걷던 그는, 어느덧 여의도 둔치까지 와 있었다. 봄은 진즉 왔어도 아직 한겨울을 살고 있는 김씨는, 휴일을 맞아 화사한 봄옷으로 차려 입고 나온 사람들이 낯설어서 한적한 물가로 갔다.

가족들과 함께 봄 향기에 흠뻑 취한 사람들을 피해서 앉았지만, 김씨의 시선이 닿는 곳에는 벌써 보고 싶은 얼굴이 또렷하게 떠오르고 있었다. 축복해 주는 사람들도 없이 유람선을 타고 한강을 오르내린 것으로 신혼여행을 대신했어도 마냥 행복해 하던 그녀의 얼굴이, 반짝이는 물비늘 위에서 김씨를 향해 웃고 있었다. 눈을 질끈 감아도, 저녁에 지친 몸으로 돌아오던 그를 버스 정류장에서 기다려주던 그 모습, 그 얼굴이 지워지지 않았다.

혈혈단신인 그가 술 취한 손님으로 홍등가에서 만나서 끝내는 정이 들었고, 오랫동안 저축했던 돈으로 빚을 갚아주고 손바닥만한 월세방에서 신혼살림을 차렸던 여자, 김씨가 밀린 노임 때문에 싸움을 하고 구속되기 전까지, 태어나서 처음으로 아늑한 공간을 마련해 줬던 여자의 모습이 그를 괴롭히고 있었다.

그녀가 세 번째 면회를 왔다가 쓸쓸히 돌아서던 마지막 모습은, 팔뚝에 새겨진 문신보다도 더 또렷하게 떠올랐다. 월세와 가전제품 할부금도 밀려서 고통을 받고 있을 그녀가 피해자와 합의를 봤다고 할 때, 배신감에 치를 떨면서 결코 해서는 안 될 막말을 쏟아냈던 거였다.

구치소에서 풀려 나올 때도 혹시나 하고 주변을 돌아봤지만 아무도 없었고, 그길로 곧장 그녀가 있을만한 곳으로 달려가고 싶었지만 차마 그럴 수가 없었다. 벌건 불빛 아래서, 가면같이 짙은 화장을 하고 앉아 있던 옛날의 그 여자를 다시 볼까봐, 아무리 술이 취해도 그리로 갈 용기가 나지 않았다. 어떤 날은 자신도 모르게 그쪽으로 가다가도 '그깟 계집 빨리 잊어버려. 그때는 빚 때문에 포주가 할 수 없이 데리고 있었지만, 이젠 그 나이에 팔리지도 않아, 기껏해야 펨프나 하고 있겠지, 그런 걸 못 잊는다면 넌 남자도 아냐' 하고 뒷덜미를 잡아당기는 소리에 깜짝 놀라 발길을 돌리곤 했다.

일 년이 넘도록 올무에 걸린 고라니처럼 고통스러워하던 김씨도 이젠 서서히 지쳐 가고 있었다. 미치도록 괴로울 적마다 다정하게 손을 내밀던 검은 그림자의 달콤한 유혹에 몸을 맞기고 이제는 모든 것에서 벗어나고 싶었다.

또다시 나약해지고 있는 자신을 추스를 기력도 없어진 김씨는, 바로 뒤에서 단속 나온 경관과 실랑이를 하고 있는 사내들 쪽으로 비스듬히 돌아앉았다.

"만만한 게 홍어 뭐라더니, 저 건너 국회에서는 의원 보좌관들이 일점에 만 원짜리 고스톱을 쳐도 그냥 내버려두면서, 살아도 못 살겠어서 마누라 피해 나온 놈들은, 심심풀이 삼 오 칠 구를 해도 안 된다? 일점에 만 원이면 광 값이 없다고 해도 한판에 최하 삼만 원인데, 요새 하루 품값이 얼만지 아슈? 그것들 흔들고 파는 광 값도 안 되는 돈 삼만 원을 벌자면, 새벽 4시부터 인력시장에 나가서 개 떨듯해도 노다지 공 치는데, 어떤 놈들은 만 원짜리 지폐를 십 원짜리 동전 취급하면서 놀고, 우리는 개도 안 물고 가는 동전 한 닢도 내 놓기 아까워서 판마다 나가리를 하는 놈이 나오는데, 이런 하루살이들이 불쌍하지도 않수? 그리고 다 좋은데, 김순경은 내가 날 만하면 꼭 나타나서 판을 깨는 이유가 뭐요? 같은 종씨끼리……. 이렇게 되면 내 본전 1,350원은 어디 가서 찾으란 말이요?"

색깔도 비슷하고 크기도 작은 고추장단지만한 안전화를 신고 있는 사내의 말에 이어서, "나는 토큰까지 다 털렸으니까, 여기서 화곡동 까지 걸어갈 수는 없고, 천상 김순경님이 오토바이로 데려다 주쇼" 하고 김씨와 비슷한 낡은 방한복을 걸친 빼드렁니가 뒤를 이었고, "집구석이라고 들어가 봤자, 빈손으로 오는 사람 반겨 줄 리 없을 텐데, 어차피 경찰 오토바이 신세를 질 바에야 먹여주고 재워주는 데로 곧장 가버려. 요즘 같은 불황에 한 입 더는 것만 해도 얼만데" 하고 군용 털모자를 눌러 쓴 사내가 끼어들었다.

담배 살 돈에, 버스 토큰까지 꺼내 놓고, '일 가리, 일 뻰찌야', '있어, 있어, 없어' 하면서 시간을 죽이고 있던 사내들은, 그곳 단골인 듯싶게 봄볕에 벌써 얼굴이 새카맣게 그을려 있었다.

"안 보이는 장소에서 하면 누가 말려요? 이 부근에는 점잖은 사람들이 많이 살잖아요. 그 양반들이 산책 나왔다가 이런 걸 보면 즉시 신고를 한다고요, 열심히 일해서 먹고 살 생각은 안하고, 볕 좋은 곳에서 화투장이나 붙들고 앉아 있는 인간들은 다 잡아 쳐 넣으라는 거요. 저런 정신 상태 때문에 IMF가 닥쳤다면서, 삼청교육대를 다시 만들어야 한다는 사람도 있단 말입니다. 그러니까, 안 그래도 바쁜 우리들 그만 괴롭히고, 놀아도 그냥 놀아요. 요번에는 화투를 돌려주지만 또 걸리면 압수합니다."

그들보다 한참 어린 경찰은 화투를 돌려주고 갑자기 시끄러워진 주차장으로 달려갔고, 사내들은 아까부터 물이 끓고 있는 코펠에 라면과 국수를 섞어 넣으면서 구시렁거렸다.

"무직유죄無職有罪고 유사무죄有士無罪여!"

안전화가 끓어 넘치는 라면을 저으면서 중얼거렸다.

"무직유죄는 알겠는데 유사는 뭐야?"

털모자가 주머니에서 꺼낸 소주 한 병을 종이컵 세 개에 따르면서 말했다.

"유력인사의 준말이야!"

"젠장, 그런 말은 옛날 고려 적부터 있었고, 몇 년 전에는 지강헌池康憲이란 탈옥수가 동료들 하고 신촌의 어느 가정집에서 제 머리에 권총 들이 대고 '시발놈들아! 유전무죄, 무전유죄인 세상이 좆같아서 못 살겠다' 하고 악을 쓰다가 죽어갔는데, 그 당시는 조용하다가 요새 갑자기 그 말이 부쩍 뜨는 이유가 뭐야? 대전인가 어디서 법조비리가 또 터졌다던데, 전관예우의 미풍양속은 굳세게 지키면서 국선변호인은 있으나마나한 흑싸리 껍데기 취급을 하는 이유가 뭔데? 있으나마나 하다는 걸 법정에서 확실하게 보여줘야, 하다못해 단칸방 보증금이로도 빼고, 마누라 빤스라도 내다 팔아서 변호사를 사던지, 선임하던지 할 테니까, 따지고 보면 국선변호인은 그 바닥의 영업 상무에 다름 아니라고."

털모자는 젓가락으로 집어 든 라면을 후후 불어 먹으면서도 할 말은 다 하고 있었다.

"그쪽만 그런가? 같은 정치판이라도 여기는 '아라이 쇼케이新井

將敬' 같은 사내는 한 놈도 없고, 죄다 '에라이, 소새끼' 들만 있잖아!" 하고 빈 컵으로 라면 국물을 떠먹던 방한복이 투덜거리자, "아라이라니? 쓰라이는 알아도 그건 처음 듣는 말이네. 옛날에 거 있잖아 왜……. '채롱採籠' 이나 '치롱' 이 표준말인데, 좀더 무게 있게 발음하려고 그랬는지, 자기들끼리는 '츄렁' 이라고 하던 엄청나게 큰 대바구니를 짊어지고 다니면서 닥치는 대로 쓸어 담는다고 해서, 재건대를 왜, 쓰라이라고 하지 않았어?" 하고 안전화가 코펠 뚜껑에 라면을 덜어 가면서 말했다.

"그러기에 아무리 어렵다 해도 신문은 끊지 말고 계속 보라고 했잖아. '아라이 쇼케이' 라고, 재일교포 2세 일본 국회의원이었는데, 돈 문제로 시끄러워지자 구구한 변명 한마디도 없이, 두 달 전에 깨끗하게 목숨을 끊어버린 진짜 사나이, 제대로 된 정치가의 이름이야."

털모자도 자신의 주머니에서 꺼낸 소주로 안전화의 빈 컵에 따르면서 말했다.

"지금 우리나라의 어느 대학 병원에도, 돈 먹은 것이 들통 나서 징역 가게 생겼으니까 아라이 뭐라는 그 사람 비슷한 흉내를 내고 진료카드 성명 란에는 '무명남' 이라고 적힌 환자 한명도 입원해 있잖아. 그런데 옥방에 갇혀 있느라고 바깥세상 물정을 모르는 도둑놈들은, 그 영감이 배에 아까징끼 칠갑을 하고 들어가면 기겁을 할걸? 그 나이 먹도록 마음을 못 잡고, 걸핏하면 자해를 해서 배에 '아야, 자국' 이나 만드는 영원한 꼴통으로 오해하기 십상이잖아?"

소주를 단숨에 털어 넣은 방한복의 뒤를 이어서 안전화가 혀를 차며 말했다.

“안전기획부의 최고 수장이었던 인물이 권총이 없으면 하다못해 부엌칼이라도 들어야지, 초등학생들 연필 깎는 칼로 격조 없이 그게 뭐람. 그리고 양아치나 건달들은 자해를 해도 깊숙하게 찔러서 내장도 빠져나오고 그러던데, 덤불에 긁힌 정도라니 쯔쯔쯔…….”

“냅둬! ‘거소산巨小山’ 작품인데 오죽하겠어? 라면이나 다 긁어 먹어. 남기면 설거지하기도 귀찮아.”

하고 털모자가 코펠의 바닥을 긁으면서 말했다.

다른 때 같았으면, 힘들 망정 가족과 함께 부대끼면서 살아가는 그런 사람들의 시시콜콜한 이야기만 듣고 있어도 자신의 처지와 비교가 돼서 못 견디게 괴로웠던 김씨가, 모든 짐을 벗어던지기로 작정을 하고 난 지금은 오히려 마음이 느긋해지면서 씁쓸한 미소마저 입가에 번졌다.

김씨는 안주머니에서 조그만 약병을 꺼냈다. 그것은 넉 달 전, 거리에 크리스마스 캐롤이 울려 퍼지던 무렵, 남쪽으로 가서 월동하는 철새들이라도 잡아서 겨울을 나자고 했던, 성도 이름도 모르는 털보가 남기고 간 것이었다. 물론 김씨도 쾌히 승낙을 했지만 다음날 새벽 눈을 떠보니, 털보는 차디찬 지하도 바닥에 오리보다 자신을 먼저 잡아놓고 있었다. 어차피 돌아나갈 구멍이 없을 바엔, 뒷걸음치기 보다는 앞으로 한걸음 더 내딛는 것이 해결책이 될 수도 있다는 걸, 그때 배부른 젖먹이처럼 편안한 모습으로 누워 있던 털보를 보면서 알 수 있었다.

김씨는 갑자기 그 털보가 못 견디게 보고 싶어졌다. 마음이 흔들릴까봐 주저 없이 뚜껑을 열고 청산가리를 꺼내는 순간, 눈치 없는 여자 때문에 약을 쥔 손바닥을 재빨리 오므렸다.

“아저씨, 김밥 좀 사세요!”

잘못 들었나 싶어서 고개를 돌리던 김씨는, 자신 보다 먼저 울어버리는 그 여자를 보고 말았다.

PART Ⅳ

이 사람들 좀 보소!

연희동 근처에서는 돈자랑 하지 말자 21

베짱이 운다. 베짱이가 운다. 배가 남산보다도 더 큰 보통 베짱이 한 마리가 겨울의 문턱에서 애잔스레 울고 있어도 누구 하나 돌아보는 이 없고, 가랑잎마저도 그곳을 피해서 멀찌감치 떨어지고 있었다. 그리고 그럴 줄 알았다가 막상 저런 꼴을 보게 되니 그때 그 사람들 생각도 겹쳐서 나고 있었다.

하다가하다가 할 수 없어서 하야下野하고 하와이로 망명해서, 미제 관에 담겨 돌아오고, 10·26 나서 죽고, 살기는 살았으되 악성 실어증(?)에 걸려서 신군부의 패악에 대해 모르쇠로 일관하는, 있으나마나한 이, 감방에 있는 여러 피붙이들 면회 한번 못 가보고 자신들은 북풍한설 몰아치는 엄동의 산사山寺로 유배 가던 5공 각하와 영부인의 초라한 모습이 아직도 눈에 선한데, 또다시 대통령이었던 사람이 징역살이 아니면 절밥만 축내는 꼴을 보게 생겼으니, 이 땅의 백성들은 도대체 누구에게 미운 털이 박혀서 팔자가 이런 것 일까? 고운 놈 미운데 없고, 미운 놈 고운데 없더라고, 5·6공이 약속이나 한 것처럼 서리 내리고 눈발 휘날리는 계절만 골라서 볼장을 다 보는 바람에, 가뜩이나 겨우살이 걱정이 태산 같은 서민들에게는 여러모로 짐만 되는 것이었다.

조선낚시의 골수회원 몇몇이 11월 첫째 날 수요낚시를 갔다가 갑자기 곤두박질한 기온 때문에 입질 한 번 못 보고 빈손으로 돌아왔지만, 총무에게 불퉁거리는 사람은 아무도 없었다. 잘 잡으면 제 실력이고, 못 잡으면 총무가 답사를 게을리 했느니, 지렁이가 죄다 죽은 것을 알면서도 팔았느니, 별의별 트집을 다 잡는 사람들이 오늘은 텔레비전의 뉴스에 정신이 팔려서 아무 소리가 없었다. 그러잖아도 말 많은 사람들이 평생에 한 번 볼까 말까한 전직 대통령이 부정축재에 걸려서 검찰청에 소환되는 역사적인 장면을, 지렁이 타령이나 하다가 놓쳐 버릴 수는 없던 거였다.

"차라리 배를 갈라 버리지, 저 꼴이 뭐람."

'신난다 노래방' 주인 장봉작張鳳爵이 족발 뼈다귀를 마이크처럼 잡고 살을 발라 먹으면서 하나마나한 소리를 했다.

"저 이가 할복을? 이것 보셔, 저 정도가 되면 제 명대로 다 살고 정식으로 갈 때가 됐어도, 모아놓은 재물이 아까워서 죽어도 못 죽는 사람이 바로 저런 사람들이야."

복개천에서 사철탕 영업을 하는 노상복盧相福도, 종씨의 비참한 말로를 보면서 동정하는 빛이 없었다.

"저런 것들이 다스리는 나라에서 세금 꼬박꼬박 내면서 살아온 우리야말로, 진정한 애국자고 우국지사라니까! 그러나저러나 정치는 박통이 제일 잘 했어."

주머니칼까지 꺼내서 족발 뼈의 속살까지 말끔하게 발라먹은 장봉작의 혀 꼬부라진 소리에, 그때까지도 묵묵히 술잔만 비우고 있던 오락실 주인 김의규金義圭가 발끈하고 일어섰다. 평소에는 마시면 마실수록 창백해지는 이상한 체질인 그가, 그때는 흰 옷에 피 번지듯 벌겋게 달아오르면서 툭 불거진 목젖도 주먹감자처럼 불끈거리고 있었다. 유신 때, 어느 술자리에서 '살 맛, 안 난다' 고 한마디 했다가 신고가 들어가서 죽을 고생을 하고 나온 그는, '유신' 이나 '박통' 이라는 소리만 들어도 눈빛이 달라지는 인물이었다.

집에서 키우는 애완견이 주인에게 꼬리 치며 반기기는커녕, 주인을 보고 짖어대고, 덤비면 당장 박살을 내버리듯이, 보릿고개나 겨우 겨우 넘겨주고 철권통치를 하면서, 꼬리 치며 말 잘 듣는 무리들에겐 엄청난 특혜를 주고, 바른 말 하는 사람들은 악착 같이 솎아내어 개 잡듯 했던 유신정권도 그렇게 따지고 보면, 백성들을 제 집 강아지 취급을 했던 개아범에 다름 아니란 것이 그의 입버릇이었다.

"반주도 없이 주둥이만 가지고 뽕짝, 뽕짝 하지 말고, 마실 만큼 마셨으면 일어들 나셔. 저것들이 쿠데타 일으키고, 광주에서 수많은 양민들을 살상한 죄 값을 치러야 한다고 할 때는 콧방귀도 안 뀌던 것들이 왜 지금 와서 열을 받는 거야? 왜, 그래? 너희들은 꿈도 못 꿀, 엄청난 돈을 꿍쳐가지고 있으니까 배가 아파서 그래? 너희들 보다 돈이 몇 백, 몇 천배 더 많으니까 배가 아파?"

김은 노골적으로 시비를 걸고 있었다. 평소엔 존재가 없다가도, 이런 문제로 한 번 틀어지면 건잡을 수 없다는 것을 여러 번 겪었던 장봉작과 노상복은 드디어 '보통 사람'이 검찰 청사에 도착하는 뉴스 속보만 보는 척 하고 있었다.

"왜들 이래? 나도 피곤해서 가게 문 일찍 닫아야겠으니 그만들 일어나지."

분위기가 험악해지자 낚시짐 정리를 끝낸 송총무가 테이블의 술병들을 치워 버렸다. 바로 그때, 칠순이 가까운 송총무의 큰 형님이 조카의 예비군복을 걸치고 낚시점 안으로 들어왔다.

그는 15년 전, 동업자의 모함으로 강원도 화천, 오음리의 11공수 삼청교육대로 끌려갔다가 폐인이 돼서, 가족들에게도 버림을 받고 동생인 송총무에게 얹혀사는 한 많은 사람이었다.

"형님! 또, 왜 이러십니까? 빨리 들어갑시다."

송총무의 만류도 뿌리친 송영감은, 진열장에 있던 떡밥 개는 파란색 고무 바가지를 철모처럼 눌러 쓰고 씩 웃었다.

"흐흐흐……. 내가 이 날을 얼마나 기다렸다구. 아우야! 나 차비 좀 다구."

"도대체, 이런 모습으로 어딜 가신다구 이러십니까? 재덕이 어미 오기 전에 제발 들어갑시다, 형님!"

형님을 모시고 사는 죄로 마누라에게 호된 시집살이를 하고 있는 송총무는 억장이 무너졌다.

"저기 가려고 그런다. 옛날에 국보위國家保衛非常對策委員會 만들어서 무고한 백성들을 짓밟아 죽였던 그것들이 그 죄 값으로 또, 삼청교육을 받으러 가야 된다고 뉴스에 났다는구나! 그래서 내가 얼른 가서 조교노릇을 하려고 그런다.”

“어이구우, 형니임…….”

정신이 오락가락하는 삼청교육대 출신의 노병(?)을 부둥켜안은 송총무도, 그동안 참고 참아 왔던 눈물을 쏟고 있었다.

PART Ⅳ
이 사람들 좀 보소!

수제비 22

봄이 왔으되 진정한 봄은 아직 멀고, 큰 산인가 하였더니 이것도 저것도 아닌 동네 뒷산이 주인 행세를 해 온 나라꼴은 말씀이 아니었다. 더불어 썩어버린 바닥에서 누가 누구를 흉 보겠는가마는 이대로 가다간 우리도 대를 이어 충성하다가 굶어 죽는 판이 나지 않을까 해서 백성들은 나오느니 한숨뿐이었다.

그리고 자칭 대한민국의 보물이라는 한보韓寶하고 뒷거래를 해 온 정치꾼들은, 불륜현장을 들킨 사람들처럼 뻔뻔하고 비굴하고 치사한 모습으로 검찰청 입구에서 기념촬영(?)을 하고 있었다. 그러나 말을 못 하는 사람도 핸들을 잡으면 걸쭉한 육두문자가 저절로 나온다는 나라에서 순전히 말로 먹고 사는 사람들이 말없이 그냥 감옥에 갈 리 만무하니, 새빨간 거짓말을 늘어놓는 그들을 보는 민초들의 가슴은 벌집처럼 구멍이 숭숭 뚫렸다.

오죽하면 '소문 그대로 몇 억 받아 챙긴 것이 사실입니다. 주면 주는 대로 받아 넣었고, 때가 되도 소식이 없으면 직접 찾아가서 받았습니다. 잘 아시다시피 정치판이란 곳이 돈 놓고 돈 먹는 바닥 아닙니까? 그러나 결과가 이렇게 되고 보니 국민 여러분과 지역구민들에게 부끄러울 뿐입니다. 이런 일은 있을 수도 있어서도 안 되는데, 아무튼 저에 대한 평가는 역사에 맡기겠습니다.' 하고, 만에 하나라도 검찰에서 밝혀내기 전에 스스로 털고 나오는 정직한(?) 국회의원이 있다면, 그가 형기를 마칠 때까지 옥바라지를 해 주고 복권되면 반드시 또 뽑아 주고, 더 나아가서는 대권도 거머쥐게 해 줘야 된다는 서글픈 농담에 머리를 끄덕이는 사람들도 여럿이었다.

며칠째 지렁이 한 통도 못 팔고 있는 오대양 낚시점 정사장은 아내가 끓여다 준 수제비를 깨작거리다 말고 자리에서 벌떡 일어났다. 십년 넘게 잘 다니던 농기구제작회사에서 감원 당하고 사기꾼들에게 얽혀서 퇴직금도 날려버리고 죽지 못해 살다가 마지막으로 마을 뒤에 있는 저수지 하나 믿고 시작한 낚시점에 드디어 첫 손님들이 들어오고 있었다.

"어서 옵쇼!"

다 같이 가난했던 농촌에서 7남매 중의 맏이로 어려서부터 질리도록 먹어봐서 장가 든 이후에는 쳐다보지도 않았던 수제비를 받아 놓고 목이 메던 차에 찾아 온 손님이어서 더욱 반가웠다.

"물건도 별로 없구만."

불면 날라 갈 것 같이 생긴 것이 인사는 받는 둥 마는 둥 하고 진열장 위에 있는 개업기념품인 라이터부터 한 주먹 낚시조끼에 쑤셔 넣었다. 그것과 일행인 길고, 짧은 것들 역시 하는 짓이 그것과 한 치 건너 두 치였다.

"그러길레 내가 털보네로 가자고 했잖어. 혹시 알아? 오늘 털보가 답사 가고 없을지도 모르는데" 하고 자라다가 말고 옆으로만 퍼진 것이 생긴 대로 옆으로 새는 소리를 하자, "야! 털보가 눈치 채고 잔뜩 벼르고 있어. 그 여편네 생긴 건 그래도 제 남편밖엔 모르는가봐" 하고 길쭉한 것이 뒤를 이었고, "우리가 지난 겨울에 잡아 잡순 개구리 오소리 기러기 노루 고라니들이 들으면 섭섭해 할 소릴랑 그만들 하셔. 자네들은 어떤지 몰라도 나는 밤이면 밤마다 밤이 짧아서 유감이라고. 나한테 수청 들었다가 얼굴에 노랑꽃 안 핀 미스, 미시들 있으면 대 봐. 브리셀의 미스 설? 로망스 가영이? 구름 나그네 은빈이? 수란이? 현마담? 장여사? 초희엄마?" 일본의 낚시미끼 장사들이 선전용으로 만들어서 뿌린 모자를 삐딱하게 쓰고 무료 광고판 노릇을 하고 다니는 콧수염이 맞아 죽기 딱 좋은 소리를 하고 있어도 정사장은 주문 받는 웨이터처럼 공손한 자세로 서 있었다.

"L. B릴이 안 보이네. 신장개업한 가게가 폐업하는 집보다 물건이 더 없으니 이래가지고 장사 하겠소?"

짧고 옆으로만 퍼진 것이 생각도 짧은 소리를 하며 속을 뒤집어도 아침에 바가지를 긁다 못해 물어뜯으려고 하던 마누라를 떠올리며 정사장은 억지로 참고 있었다.

"어이구 죄송합니다. 이제 시작이라 부족한 점이 많습니다. 어떤 제품을 원하시는지? 꼭 필요하시다면 지금 연락을 해 볼 데는 있습니다만……."

말꼬리를 흐리는 것도, 갑작스런 실직과 사기를 당한 충격에 허우적거리다가 몸에 밴 버릇이었다.

'이것 좀 꺼내봐라', '저것도 내려봐라' 하고 한바탕 법석을 떨어 댄 그것들이 구입한 것은 달랑 지렁이 세 통이었다. 그래도 개점 첫 손님이라고 다방에서 커피까지 배달을 시켜서 대접을 하고 있을 때 한패거리의 사람들이 들이닥쳤다. 그들은 들이 단짝 세 녀석을 치고 박고 직신작신 밟아댔다.

"왜 이류? 왜 이러냔 말유 워매 진열장 부셔져유."

때마침 그릇도 챙기고 서방이 졸거나 화투장을 붙들고 있으면 혼을 낼 작정을 하고 왔던 정사장의 아내가, 키 값도 못하고 한쪽 구석에서 벌벌 떨고 있는 남편을 대신해서 악을 썼다.

"미안합니다. 아주머니. 파손된 물건이 있으면 꼭 변상을 하겠습니다. 우리가 이 못된 인간들을 잡으려고 얼마나 고생을 했는지 아십니까? 이것들은 인간이 아닙니다."

눈매가 날카로운 도리우찌가 콧수염을 걷어차면서 정사장 아내를 진정시켰다.

세 놈이 경북의 어느 후미진 마을 뒷산에서 밀렵을 일삼다가 그 동네의 실성한 처녀의 배까지 불려 놨다는 거였다.

"누고? 어떤 놈이 씨 뿌렸노?"

젊어서 싸움께나 한 것 같은 코삐뚤이가 키 큰 놈의 길쭉한 코를 잡고 비틀었다.

"헝이구, 앙이라엥. 내는 맺번 앙 했고용 절마들이 망이 했심

덩!"

한결같이 제 씨는 아니라고 우기는 그것들의 변명도 과히 여의도 급이었다.

"저는 이렇게 콘돔을 준비해 다니니까, 제 아이는 절대로 아닙니다. 요즘 같은 세상에 안전장치도 없이 어떻게 그런 일을 할 수 있겠습니까? 순간적인 실수는 있었지만 적어도 책임 못 질 일은 하지 않았습니다. 믿어주세요."

"선생님들, 저는 사실 그 동네에 갈 적마다 술이 억병으로 취해 있었기 때문에 그 여성이 어떻게 생긴 분인지도 모르겠고, 있을 수도 있어서도 아니 되는 그런 불미스런 일 때문에 제가 의심을 받는다는 사실만으로도 조상들을 볼 면목이 없게 됐습니다. 아무리 생각해봐도 기억이 나지 않지만은 이번 일을 계기로 더 열심히 살겠습니다. 나중에라도 진실은 반드시 밝혀지리라고 믿습니다."

"이것들이 안죽도 정신 덜 차렸네? 그라고 니는 와 포준말로 말투를 바꾸노, 고향 근처에 와서 할 짓이 그리 없더나? 쪼매 일어나 봐라."

코삐뚤이가 콧수염의 멱살을 잡아 일으키자 그것은 질색을 하고 싹싹 빌었다.

"보소 아재요, 지발 말로 하소 말로. 내는 절대로 아입니더. 사실 횟수는 내가 제일 많은지 우짠지는 모리것습니다마는, 얼라는 절대로 안 맹글었심더. 이런 소리를 해도 될랑가 모리겠심니더마는 사실은요……. 사실은요, 내 별명이 변태라요. 내는 별명 그대로라요. 변태가 달리 변탭니꺼? 일반인들 하고는 위치도 다르고 정서도 틀린다꼬요."

녀석들의 입에서 수채 구멍보다 더 더러운 말 들이 쏟아져 나오는 바람에 얼굴을 못 들고 백설기 비슷하게 불어터지는 수제비 그릇만 내려다보고 있던 정사장의 아내가, 신고를 받고 달려 온 경찰에게 끌려가는 세 놈의 뒤통수에 대고 불퉁거렸다.

"저것들 둘러대는 거 봉께, 시방 재판중인 '정 모르쇠' 헌티 받어 처 먹구두 '나넌 몰러', '나두 아녀' 허구 능갈치는 그이들 허구 워치게 한치두 안 틀린가 몰러. 쯧쯧쯧……. 으원덜이나 잡늠덜이나 그 나물에 그 밥일레……. 끌끌끌……. 하여거나 시방은 산부인꽈 으사 버덤, 잠지클리닉인지 부랄클리닉인지 허는 으사가 훨씬 더 바쁘구, 날이 날마다 '사네' '못 사네' 허구 지지구 볶는 집구석 여편네덜두 한 달에 한 두 번은 '어이구매, 나 죽어유!' 허구 숨이 꼴까닥 넘어 간다는디, 박복헌 년 헌티 하나 배끼 없는 서방은 모가지 짤릴 적이 거기두 하냥 짤렸는개벼. 뒷물 자주 헐 때나 안 헐 때나 수돗세는 같이 나오더먼, 에으 지지리두……. 이리 오너서 이거나 마저 들으유. 나넌 집이서 많이 먹었구, 누렁이두 돌어댕기매 뭣을 잔뜩 줏어 처먹었는지 새끼덜 옆이 자빠져서 배불러 허구 있으니께, 이거는 당신이 책음 지슈. 어여 먹구 그륵 줘유."

수제비 냄비를 받아 든 정사장은, 호박도 넣지 않고 간장으로 간만 맞춘 밀가루 범벅을 입에 넣고 이빨 없는 사람처럼 우물거리고 있었다.

1980년, 파로호 근처에서 23

'정신!', '순화!', '정신!', '순화!'

전우(?)들은 입에 거품을 물고 고래고래 악을 쓰고 있었지만, 재덕은 '전가 죽이자, 내 앞에 있는 놈도 죽어라' 하고 입술만 달싹거리고 있었다. 51명의 소대원들 중에서, 부산 서면에서 끌려온 흑인 혼혈아 다음으로 키가 큰 탓에 '봉체조' 2시간 동안 힘든 것은 나중이고, 지독한 노린내 때문에 코부터 먼저 주저앉는 형편이었다. 삼청교육대에 입소 한 지 2주가 지났어도 샤워커녕, 세면시간에도 얼굴에 물 칠 하기도 바빴으니, 혼혈이면서도 아프리카 오지의 원주민을 빼다 박은 51번, 김경원의 몸에서는 견딜 수 없는 냄새가 나는 것이었다.

새카만 피부에 금방이라도 눈물이 쏟아질 것 같은 크고, 순하게 생긴 눈과, 두툼한 입술, 소매와 바지가랑이는 턱도 없이 짧은데

다가, 낡아서 희끄무레한 군복을 걸치고 있는 모습이 영락없는 미군 포로여서 조교들에게 공매도 무척 맞는, 소대에서도 제일 불쌍한 녀석이었지만 그의 등 뒤에 찰싹 붙어서 봉체조를 할 때는 자신도 모르게 인종차별주의자가 되던 거였다.

두 시간이면 서울에서 대전을 갈 수 있고, 일본도 가고 남을 시간인데, 이놈의 삼청교육인지, 순화교육인지 지랄 염병을 하고 사람을 잡아버리는 한국판 킬링필드에서는, 열 명씩 한 조가 되어 전봇대보다 더 굵고 무거운 것을 '우로 어깨 봉' 하고 시작해서 '좌로 어깨 봉', '안아 봉' 을 수도 없이 반복하면서, 장근 일백 이십 분 동안 한순간도 손에서 놓을 수가 없었다.

목에서 단내가 풀풀 나고, 악에 받쳐서 아무 것도 안 보일 때는, 정신순화고 나발이고, 대열에서 뛰쳐나가서 경비병들의 개인화기를 빼앗아 모조리 갈겨 버리고 싶었다. 그것을 실천에 옮기지 못한 것은, 경비병에게 달려가다가 망루에서 노려보고 있는 기관총에 맞아 죽는 것이 두려워서가 아니라, 단군 이래의 최고 악질인 신군부의 그것들 보다 먼저 죽어서는 안 된다는 생각이 골수에 박혔기 때문이었다.

죄 값 치른 지 오래인 전과 때문에 잡혀오고, 먹기 내기 화투치다가 상습 도박범으로, 국밥 한 그릇 외상으로 먹었다가 무전취식으로, 순전히 통금위반으로 전과 7범이 된 영감, 두부 먹을 짬도 없이, 교도소에서 곧장 끌려 온 만기 출소자들, 부부싸움 하다가 온 사람, 방범에게 밉보인 자. 단골 다방에 외상 많은 백수, 단지 인상이 고약해서 끌려 온 인상파들, 당구장에서 소일하던 자장면파 등등, 좌우지간 재수 옴 붙은 사내들만 억울하게 잡혀 와서 죽어나고 있었고, 여 공수들에게 곤욕을 치르고 있는 여자 삼청교육대의 악 쓰는 소리도 바람결에 실려 오고 있었다.

유신의 심장을 쏜 사람 덕분에 팔자에 없는 횡재를 한 것들이 생각해 낸 '정의사회구현' 이라는 것은 제 나라 백성들부터 잡아 족치다가, 수틀리면 사살하고, 군화로 짓이겨 죽이고 병신 만드는 게 전부였다. 하기야 광주사람들 다 죽이려고 했던 것들이 무슨 짓을 못하랴마는, 사회지도층이라는 무리들도 스스로 그것들의 개가 되어 꼬리치기 바빴으니 억울한 사람들이 하소연 할 곳은 세상천지 어디에도 없고 믿을 것이라곤 제 자신의 지구력 밖에 없었다.

연병장에 엎드려뻗친 자세로 머리를 박박 깎이고, 각개전투 두 시간 동안은 팬티바람에 낮은 포복을 하면서 피부가 벗겨지고, 공수 접지훈련에서는 발목과 무릎 관절이 절단 났다. PT체조는 자세가 불량하면 일과 끝나고 남아서 또 수백 번씩 반복해야 하기 때문에 아무리 힘들어도 대충대충 할 수가 없었다. 방사房事도 먼 옛날의 추억일 것 같은 노인들은, 손자뻘들과 함께 뛰고 달리다가 낙오하면, 큼직한 돌을 머리에 이고 오리걸음을 했고, 다리를 다쳐서 뛸 수가 없으면 성한 팔로 나무에 매달려서 매미처럼 맴맴 울다가 떨어지면 걷어 채이고 또 다시 매달리고, 이것도 저것도 못하는 반송장들은 교육장 한 쪽의 간이 소변기에 코를 박고 있었다. 걸핏하면 선착순에, 자세불량, 복창소리불량하다고 얻어맞고, 재수 없이 군화로 복부를 채여서 장파열로 죽어 나가지 않으려면 저희들 말대로 일 분 뒤의 일은 생각하지도 말고, 당장 발등에 떨어진 불만 끄면서 시키는 대로 움직여야 살아남을 수가 있던 거였다.

그리고 재덕이는 봉체조시간같이 남들 보다 더 고통스런 곡절이 또 있었다. 연병장 북쪽으로 용호리 삼밭 부근의 파로호가 손바닥만 하게 보이는 탓에 재덕이는 휴식시간에도 남 몰래 울어야 했다. 그것은 지옥의 유황불속에서 바라보는 극락에 다름 아니었다. 교통편이 불편해서 큰맘 먹기 전에는 엄두도 못 내던 70년대 중반부터 '비수구미', '낙타바위', '상무룡리', '별장터', '월명리' 같은 잉어 포인트를 누비고 다녔던 사람이 지금은 밥 한 끼 배 터지게 먹어보는 것이 소원인 포로 아닌 포로가 되어서 눈물을 흘리며 파로호를 바라보는 신세가 되어 있었다.

구만리에서 배를 타면 다람쥐섬 못 미쳐 오른쪽으로 있는 그 포인트가 가물거리는 연병장—6.25동란 전에는 이북의 기갑부대가 주둔했었고, 60년대에는 파월장병들의 월남전 교육장으로, 그리고 지금은 광주 진압을 했던 황금박쥐 11공수여단이 주둔하고 있는 강원도 화천군 간동면 오음리로 끌려왔으니, 재덕이가 자주 다녔던 별장터나 월명리에서 엎어지면 코 닿을 곳이었다.

재덕이가 속한 1중대 3소대에는 고등학교 재학생, 조계종 스님도 섞여 있었지만 파로호 때문에 서러운 인물이 또 있었다. 그날 하루 일과를 끝내고 반성문을 쓰는 시간이었다. 여느 때처럼 건성으로 반성문검사를 하던 소대장이 제 아버지 같은 7번을 불러냈다.

"뭐? 다시는 낚시 간다, 못 간다하고 마누라하고 싸우지 않겠다고? 자식, 너 낚시 얼마나 어?"

"예! 한 삼십년 됐습니다."

7번은 심문 받는 포로처럼 겁에 질려 있었다.

"돈은 안 벌고 그 지랄만 하고 다녔으니 이런 데 끌려오지. 너 최대어 기록이 얼마야?"

공책으로 7번의 배를 쿡쿡 찌르면서 실실 웃는 중사도 낚시는 더러 다녀 본 모양이었다.

"예 작년 그러께 별장터에서 97센치까지 걸어봤습니다."

"그때 상황을 짝 읊어봐!"

"예! 날짜도 안 잊어버리는 작년 8월 3일 새벽 4시경이었습니다. 3일 동안 발갱이만 너 댓마리 올라와서 그날은 밤새 눈 한번 안 붙이고 지키고 있었는데, 5대의 릴낚싯대 중에서 하나가 불이 들어오면서 부저가 삑 하고 울었습니다. 탁 채는 순간엔 물속 바위나 그물에 걸린 줄 알았습니다."

"그래서?"

고공낙하 팀원인 그 중사도 파로호 단골 낚시꾼의 입 낚시에는 맥을 못 추고 엉뚱한 물가로 떨어지고 있었다.

"줄을 끊을까 말까하고 있는데 갑자기 엄청난 힘으로 월명리 쪽으로 차고 나가는 거에요. 발판이 나빠서 하마터면 나도 끌려 들어갈 뻔 했어요."

"그랬을 거야. 나도 재작년 휴가 때 낙타바위에서 엄청나게 큰 놈을 걸었다가 터뜨렸는데 그 다음날 팔목에 파스 바르고 다녔다니까."

그쯤에서 끝났으면 아무 탈이 없었는데 7번 스스로가 힘 좋은 잉어처럼 너무 차고 나가버려서 화를 자초했다. 그는 내무반 입구에

'군관숙소'라고 음각된 옛 인민군의 돌 막사에 끌려온 주제를 망각하고 동네 낚시방에서 하던 버릇으로 허풍을 치다가 그런 거였다.

"뜰채에 안 들어 갈 정도로 큰 놈이라서 수건으로 싸안고 나왔는데, 하마터면 배 때문에 놓칠 뻔했어요."

"배? 무슨 배?"

다른 사람의 공책을 다 본 만화책 보듯 대충대충 넘기고 있던 소대장이 갑자기 싸늘한 눈빛으로 7번을 노려봤다.

"300미터쯤 차고 나갔을 때 갑자기 월명리 쪽에서 낚시꾼들 태운 배가 들어오는 거예요."

"그래서?"

물가로 떨어지는 것 같던 고공낙하병은 어느새 적의 후방에 침투한 특공대원의 눈빛으로 7번을 노려봤다.

"그래서 배 돌려라 줄 터진다. 배 돌려라 하고 고함을 쳐도 계속 통통거리고 오는 거예요. 나중에는 랜턴을 막 흔드니까 그때서야 눈치를 채고 뱃머리를 돌리길레, 어쿠!"

7번은 정강이를 호되게 채이고 나동그라졌다.

"이리 와, 이 새끼! 뭐 새벽 4시에 입질을 받았어?"

"예! 진짭니다! 저희 집에 어탁도 있어요."

"임마! 구만리에서 첫 배가 몇 시에 뜨는지 알아? 아무리 빨라도 오전 10나 11시가 돼야 서울서 오는 꾼들 싣고 올라오면서 포인트마다 내려주고 철수하는 사람들도 담아 싣는데, 네 말대로라면 새벽 4시부터 대여섯 시간 이상 잉어하고 씨름을 했다는 건데, 그렇다면 그게 금강산 물줄기를 타고 내려온 이북 잠수함이지 잉어야? 파로호 파 짜도 모르는 놈이 날 가지고 놀았네! 너 따라 나와, 이거 이제 보니까 지난주에 서울 답십리의 어느 교회에서 세례 주러 왔을 때 연병장에 앉아서 꾸벅꾸벅 졸다가 걷어 채이고, 교인들이 세례기념으로 손수건을 나눠 줄 때도 오른 손으로 받고 왼손으로 또 받아 챙겨서 양심불량 했던 놈들 중에 하나구만. 너 맞지? "

원자탄 미끼의 바늘 7개를 다 삼킨 잉어 꼴이 된 7번은 그렇게 끌려가고 나머지 소대원들은 군가 연습을 했다. 한참 뒤에 단체로 화장실을 갔을 때도 가련한 동호인은 원산폭격을 하고 있었다.

사람 잡는 일석점호도 끝나고 취침 후의 빤빠라도 끝나고 재덕은 불침번을 서고 있었다. 흐릿한 백열등 아래서 머리를 박박 깎고 새카맣게 탄 얼굴들이 나란히 누워 있어서 나이를 구별하기가 어려웠지만 아랫도리를 보면 알 수 있었다. 숨을 들이마실 때 마다 헐렁한 군용팬티는 물론이고 낡은 담요마저 들어올려서 차일을 치는 것은 피 끓는 젊은 축이고, 경로당파는 그저 '애고, 애고!' 하면서 죽어가고 있었다.

내무반을 왔다 갔다 하던 재덕의 시선을 붙드는 것이 있었다. 7번 옆에서 자는 친구의 그것이 실밥이 터져서 허름한 출입구를 비집고 쓰윽 올라오는데, 다른 것들이 위장막속의 방공포라면 그것은 곧바로 대륙간 탄도 미사일이었다.

때마침 모로 돌아눕던 7번의 손이 웅장한 그것과 맞닥트렸다. 7번 그는 진짜 낚시꾼이었다. 쓰윽 올라와서 불뚝거리다가 손바닥을 툭툭 치는 물건 – 좌우지간 글래스롯드 4칸 대의 손잡이 같이 길고 굵은 그것을 사정없이 낚아채고 잠꼬대를 하는 거였다.

"뜰채! 뜰채!"

그 순간 대물의 임자도 악몽을 꾸고 있었던지 큰 소리로 잠꼬대를 하면서 버둥거렸다.

"아이고 순자야! 다시는 안 그라께, 이거 놓고 말로 하자, 말로 해! 으아악 순자야, 다시는 안 그라께, 순자야!"

꿈속에서 여섯 자 가까운 초대형 파로호 잉어의 손맛을 실컷 보고 있는 7번을 재덕은 부러운 눈으로 바라보고 있었다.

PART Ⅳ

이 사람들 좀 보소!

다시 파로호 24

재덕이는 파로호로 가고 있었다. 그저께 여단장까지 참석한 거창한 수료식을 하고 삼청교육대를 떠나 올 때만 해도 그쪽을 향해서는 오줌도 누지 않겠노라고 굳게 다짐했지만 그것이 여의치 않았다.

억울하게 맞아 죽은 원혼들은 구만리장천을 헤매고 있을 터였고, 경찰서에서 분류심사를 받을 때 B급 판정을 받은 사람들은 또다시 전방의 벙커 작업장으로 끌려갔는데, 그들을 싣고 가던 군용트럭에서 힘없이 손을 흔들어 주던 혼혈아 김경원의 모습이 눈에 어른거려서 견딜 수가 없던 거였다.

강도들의 세상이 되었어도 두루춘풍이 생활수단이던 인간들은 여전히 좋은 자리에서 잘 살고 있었고, 나라가 걱정된다며 두덜거리는 사람들 잡아다가 두들겨 패려고 두 눈 부릅뜨고 다니는 물건들이 거리마다 널렸고, 두길마보기에 여념이 없는 인물들은, 사람 두엇만 모여서 두런거려도 쪼르르 달려가서 두루두루 살펴보고, 두름성 없는 두상들은 두풍頭風을 핑계 삼아 두옥斗屋에 처박혀서 두문불출이 살 길이었으니 두호斗護해 줄 두 짜 하나 없는 재덕이는 두벌주검 당하기 전에 낚시가방 둘러메고 두둥실 떠나는 것이 두통거리를 미연에 방지하는 최상책이었다.

집을 나서기 전에 동생에게 가발을 사오라고 해서 새카맣게 탄 얼굴에 뒤집어쓰고 그 위에 챙이 긴 낚시 모자까지 쓰고 보니, 사정을 모르는 사람들은 재덕이가 그동안 파로호에 있었는지 오음리에 있었는지 알 도리가 없었고, 까마귀 암수 구별하기 어렵다는 수지오지자웅誰知烏之雌雄은 이럴 때 쓰려고 생긴 말이 분명했다.

"어디로 가십니까?"

화천에 도착한 재덕이가 구만리행 버스를 기다리며 서성거리자 길 건너 국밥집에서 한 잔 걸치고 나오던 낚시꾼이 다가와서 말을 걸었다.

"글쎄요, 요 근래에는 낚시를 못해서 어디가 좋은 지 조황을 모르겠지만 별장터나 월명리로 가 볼 생각입니다."

"어이구, 잘 됐습니다. 저도 그쪽으로 갈 예정이었는데 동행이 생겼네요."

그 남자는 반색을 하며 재덕이의 손을 덥석 잡았다. 그리하여 초장에 죽이 맞아버린 두 사내는 다시 국밥집으로 들어가서 통성명을 하면서 한 잔씩 하고 나와서 택시에 짐을 실었다. 버스보다 훨씬 빠른 택시를 잡아 탄 것은 누가 먼저랄 것도 없이 이심전심으로 그런 거였다.

"형씨, 내가 중동에 나가 있으면서도 하루도 파로호를 잊은 날이 없었수다. 처자식들 생각보다도 파로호에 손 한번 담가 봤으면 원이 없겠더란 말이요. 형씨는 내 심정 모를 겁니다."

중장비 기사로 사우디엘 다녀왔다는 최씨는 사뭇 들떠 있었다. 두 사람의 이야기가 놓친 고기로 시작해서 준척이 월척이 되고 두자 , 석자가 넘는 잉어 때문에 낚싯대가 부러지고 가로 세로로 한 없이 늘어지는 중에 드디어 구만리 배 터에 도착했다.

"아! 좋다, 정말 좋다!"

택시에서 내린 재덕이는 눈부시게 출렁이는 파로호를 보면서 탄성을 질렀다. 얼마나 오고 싶었던 곳인가? 엊그제 까지만 해도 눈물 없이는 볼 수 없었던 그 물가에 다시 오고 보니 지난 4주 동안의 일들이 지옥도처럼 펼쳐지고 있었다.

그날사말고 하늘에 구름 한 점도 없던 어느 날, 미군 포로(?) 경원이가 화장실 앞에서 죽어가는 고추잠자리를 주워서 날려보고 떨어지면 다시 날려보는 어처구니없는 짓을 하는 것을 지켜보다가 집합시간에 늦어서 오리걸음으로 연병장을 맴돌 때는 재덕이 자신이 죽어버린 잠자리란 생각도 들었었다. 그러나 그 잠자리는 훨훨 날아서 결국 이 자리에 다시 선 것이었다. 남몰래 눈물을 훔치며 배터를 돌아보니 한 여름과는 달리 낚시꾼이 별로 없었다. 첫 배가 들어 간 탓도 있겠지만 아무튼 서울역에 모인 귀성객들을 방불케 하는 그런 북새통이 아니어서 재덕이처럼 벼르고 별러서 찾아 온 사람들에겐 가슴에 와 닿는 것이 한두 가지가 아니었다.

한 보따리 씩 짊어지고 배에 오른 낚시꾼들과 엄마 아빠를 따라 온 대 여섯 살 쯤 되어 보이는 남자아이까지 합해서 선객들은 쉰 명 정도였다. 가족팀을 제외한 나머지 사람들은 한결같이 새카맣게 타서 여름 한 철을 고스란히 파로호에서 보낸 사람들이 분명했다.

'자식들! 나는 죽네, 사네, 하고 박박 기고 있을 때 저것들은 텐트 그늘에서 지화자를 부르고 있었겠지.' 재덕은 은근히 부아가 끓어서 한 배에 탄 사람들이 밉게 보였다.

아들을 동반한 부부는 배가 출발하자마자 구명조끼를 걸치고 사진 찍기에 바빴고, 배는 기세 좋게 물살을 가르고 있었다.

저만치에서 다람쥐 섬이 점점 가까이 다가오자 그때까지 저 편한 대로 앉아 있던 사람들이 갑자기 우현으로 우르르 몰려서 배가 기우뚱했다.

"한쪽으로 몰리지 말고 흩어져요. 배가 전복한다니까. 어? 어? 이런 젠장……."

조타실에서 선장이 고함을 쳤지만 대세는 이미 기울어졌다. 너도 나도 오음리 쪽을 바라보려고 우현으로 몰린 탓에 복원력을 잃어버린 통통배는 맥없이 뒤집히고 말았다. 순식간에 물속에 쳐 박혔던 사람들이 하나 둘씩 머리를 내밀고 올라와서 배를 드러내고 드러누워 버린 뱃전에 매달려서 아우성을 치고 있었다. 선장이 실종된 사람이 있는가 싶어서 "옆으로 번호!" 하고 고함을 치자 그들은 잘 훈련된 군인들 같이 신속하게 하나 둘, 셋 넷, 하고 인원 파악을 했다. 미리 구명조끼를 입고 있었던 꼬마도 제 부모 옆에 꼭 붙어 있어서 제 아빠가 아이의 몫까지 대신해서 "오십.", "오십하나, 만." 하고 소리쳐서 모두가 무사한 것이 밝혀졌다. 저 밑에서 구조선도 달려오고 있어서 모두 안도의 한숨을 내 쉬는데 갑자기 꼬마가 큰 소리로 울어댔다.

"엄마, 저게 뭐야? 무서워! 아저씨들도 모두 간첩인가봐, 엄마 무서워!"

그도 그럴 것이, 배 주위로 죽은 사람의 머리털 같은 가발 수십 개가 둥둥 떠 있었고, 그 아이의 부모하고 선장 외에는 모두 빡빡머리들이었다. 중장비 기사로 사우디에 있었다는 최아무개란 사람도 털 없는 머리를 쓰다듬으며 쑥스럽게 웃었고, 고물 쪽에 매달려 있던 재덕이는 바로 옆에 붙어 있는 조사가 같은 내무반의 그 사람 7번이어서 경황 중에도 악수를 하고 있었다.

“산위에서부터 내려 온 땅거미는 숲속의 식구들을 모두 불러 들였고. 부엉이 우는 소리에 다래골도 길었던 하루를 접고 있었다. 저녁 내 끊이지 않던 별장의 웃음소리도 마침내 잦아들고, 외등의 불빛에 홀린 나방들은 날개를 다치면서도 자꾸 날아들고 있었다. 그렇게 밤은 깊어서 상수리나무에 앉았던 부엉이도 날아가고, 구름 사이에서 얼굴을 내민 보름달만, 썩어 가는 황쏘가리가 검정고무신 한 짝과 앞서거니, 뒤서거니 하며 계곡물에 떠내려 오는 것을 조용히 지켜보고 있었다.”

—〈다래골 이야기〉 중에서

PART V
사람과 사람사이

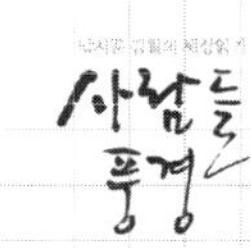

PART Ⅴ
사람과 사람사이

두 영감 이야기 

"이봐, 삼중이! 뭣 땜시 그려? 서울역서 버텀 마누라 죽으니께 변소에 가서 오줌 누면서 싱글벙글 허는 놈 맹키로 자꼬 자꼬 웃는 이유가 뭐여? 철이 어매는 아까 내 눈으로다가 분명히 봤으니께 새장개 가는 것은 아니구……. 혹시 공천 보장을 받은 것 아녀?"

"……."

말 안허는 것 봉께 뭐가 있기는 있는 개빈디 아서 말으라구. 자네가 나 허고 붙어서 좋을 일이 뭐가 있간디! 나으 우정 어린 충고를 새겨 들으야 낭중에 거시기, 국 쏟구, 치마 베리구, 거기 디구, 뺨 맞구, 아침까장 굶는 불상사를 면 허는 것이여."

"시끄럽다! 그만 씨부리고, 니 걱정이나 해라. 영대 니야 말로 요번에 내 하고 붙으믄, 니 한테 표 줄 사람들은 너거 식구들하고 가까운 친인척들 배끼 없다. 알겠나? 우리 30년 우정이 이런 식으로 파토가 나서 되겠나? 내가 당선이 되믄, 니 좋아 하는 진짜배기 흑산도 홍어는 사시사철, 삼시 세끼마다 원 없이 묵게 해 주께, 내 말 듣고 평생 고생만 해 온 너거 집사람 마음 편케 좀 해 주라."

신정연휴를 맞아 귀성하는 사람들로 발 디딜 틈이 없는 경부선 하행 열차에서 느긋하게 자리를 잡고 가는 김삼중과 김영대 두 사람은, 통로에 서 있는 노약자들을 애써 외면하고 속에 뼈가 있는 말만 주고받고 있었다.

"이봐라! 영대, 내가 와 싱글 싱글 웃었는지 말해 주까?"

"뭔디?"

아내가 싸 준 인절미를 입에 넣고 우물거리던 김영대씨는 눈발 휘날리는 차창 밖만 쳐다보면서 건성으로 대답했다.

"어제 밤 꿈에 거제도 구조라 해수욕장에 갔는데 한참 헤엄을 치다가 나오이까네, 어떤 놈들이 내 옷을 들고 가는기라. 그래서 잡으러 가다가 커다란 똥통에 빠졌단 말이다! 질바닥에 한 덩어리 있는 그런 쪼매난 똥이 아이라, 한 질도 넘는 똥통에 퐁당 빠졌으이까네 그기 보통 꿈이가? 그라이께네 이번 출조에서 월척은 확실하다. 알겠나?"

"에헤이……. 그런 걸 보구 똥 밟았다구 허는 겨"

"이 인간 말하는 거 보래? 니는 그런 꿈이나 꾸 보고 하는 소리가? 얼마 전에는 잠결에 '전마담, 전마담' 하고 잠꼬대 했다가 마누라한테 시껍했다민서? 그런 개꿈이나 꾸는 인간이 재물이 들어오는 꿈을 보고 뭐라카노?"

"부정 탈 깨비 꿈 야그는 안 헐라고 했등마, 떡 묵음서 속으로 고시레 했응께로 허는 말인디, 나야말로 어제 밤 꿈속에서 말하자면 신선이었다니께! 거시기 장자으 호접몽胡蝶夢 맹키로 홀라당 벗구 신선들 허고 너 나들이 험시로 놀던 내가 진짜고, 시방 똥 밟은 인간허고 이러고 있는 내가 꿈속이라는 생각이 들 정도라니께. 그라고 봉황도 탓었는디, 고것을 탈 때는 속세으 넝마 쪼가리럴 다 벗어야 된다등마! 그래서 홀랑 벗고 놀았는디도 한나도 안 부끄러운 것이, 선계仙界는 여그허고 확실히 틀리더랑께!"

"니가 문자 쓰믄 내가 몰를 줄 아나? 뭐? 장자? 장자는 부자를 말하는 거고, 호는 좋을 호好를 마이 쓰지마는, 그럴 때는 여우호狐를 쓰는기라! 그라고 접接은 막바로 흘레할 접 아이가! 에익……. 젊어서 하던 짓을 안죽도 하나? 사리마다는 갈아입고 나왔나? 이럴 때 홍익 구루마는 와 안 지나가노. 삶은 계란에 있는 소금이라고 뿌리서 액땜을 해야 되는데, 좌우간 니는 오늘 낚시터에서는 절대로 내 옆에 오지 말고 멀찌감치 떨어져 앉거라. 부탁한데이."

각각 고향에 대규모 멸치어장과 전답이 많아서 먹고 살 걱정이 없는 그들은, 한 동네에 살면서 사사건건 견제하며 살아오다가 몇 년 전 부터는 정치바람이 들어서 서로를 밟고 일어서려고 티격태격하고 있었다. 국가와 민족을 위해 봉사하겠다고 나선 것은 좋지마는 남다른 경륜이나 정치철학이 있는 것도 아니고, 기댈 곳은 순전히 시골에서 올려 보낼 자금과 지역주민들의 경조사 챙긴 것뿐이어서 더욱 그랬다.

오늘도 강릉 경포호로 갈 예정이던 동네 낚시회에서 그들의 사전 선거 비슷한 수작에 질린 회원들이 출발 시간을 훨씬 앞당겨서

두 사람만 떼어 놓고 간 바람에, 오기가 발동한 그들은 경북 구미의 대성 저수지로 가고 있는 거였다. '터가 세어서 낚시꾼들의 손이 안 탔고, 바닥새우가 많아서 얼음낚시에 입질만 했다면 무조건 월척!' 이라던 그 지방 출신 택시기사의 허풍이 결정타였다. 자신들을 떼어 놓고 간 회원들에게 아무 말 없이 월척들만 꺼내 보이며 잘못 된 선택을 한 그들을 말없이 꾸짖어 주리란 생각에 두 사람은 마냥 기대에 부풀어서 가고 있었다.

구미에 도착한 그들은 택시를 대절해서 곧장 대성지로 들이 닥쳤다. 커피나, 소주 한잔 커녕, 점심도 거른 채 얼음판을 쑤시고 다니던 끝에 드디어 영대씨가 굵은 지렁이를 물고 올라 온 턱걸이 월척을 한 마리 잡았다. 생애 첫 월척을 한 그는 어서 올라가려고 짐을 챙기고 있었고, 염치 불구하고 월척이 나온 구멍에 또다시 자신의 채비를 담그고 있는 삼중씨는 방한모와 마스크로 표정을 숨기고 있었다.

며느리가 선물한 외제 머플러로 월척을 고이 싸서 쿨러에 모셔 놓고 18번인 목포행 완행열차를 흥얼거리는 영대씨.

"자알 있거라아 나는 간다아, 이별에 마알도오 없이이, 떠나가느은 새에벽 열차아 대저언 발 여엉 시이 오오십부우운……. 아아아아 보슬비에 젖어가는 목포행 완행열차……."

먼 곳까지 같이 와서 매정하게 혼자만 먼저 간다는 말을 차마 못하고 노래로 대신하고 있었다. 약이 올라서 속에서 불기둥이 올라오던 삼중씨의 눈이 갑자기 이글거렸다. 수면 높이로 찌맞춤을 했던 고추찌가 오줌 마려운 개구쟁이의 그것처럼 커지고 있었다.

"왔다! 내도 왔다!"

포물선을 그리고 있는 낚싯대를 붙들고 부르르 떨고 있는 삼중씨의 모습은 마치, 신 내린 무당이 대나무를 흔들고 있는 것 같았다.

"그거 힘쓰는 거 봉께 발갱이시, 발갱이랑께."

얼음판 위에서 덩실덩실 춤을 추고 있던 영대씨가 달려와서 김새는 소리만 하고 있었다.

"월척이믄 다 같은 월척인 줄 아나? 똑같이 하사 계급장을 달고 있어도, 이등병 같은 단풍하사가 있는 반면에 장성급 하사도 있는기라. 하기사 군대를 안 갔으이까네 알 턱이 없제. 눈이 있으모 보라꼬! 35, 아이다, 37? 하이고 38센치도 넘겠다. 학실하제? 이런 붕어를 보고 진짜 월척, 일본 말로 '샤꾸 모노!' 라 카는기다 알겠나?"

한 구멍에서 나온 모양도, 크기도 똑 같은 붕어를 대하는 두 사람의 시각 차이가 그렇게 컸다.

"저도 기피했담서 넘 말 허고 자빠졌네이. 그란디 뭔 놈으 붕어새끼가 난봉꾼으 옥경玉莖도 아님서 손만 대면 자꼬 자꼬 기럭지가 늘어난다냐? 진말 헐 것 없제만 굳이 선 후를 가리자면 옳체! 그라제 잉! 선과 후여. 말하자면 앞에 허고 뒤란 말이여. 뭔 말인지 알것제? 자네가 군대 이약을 해서 허는 말인디, 군대도 새복 밥 묵고 먼자 온 놈이 장땡아니여? 그랑께로 먼자 잡은 나 것이 고참이고 말하자면 더 값진 것이다 이런 말이시. 나 먼저 가니께 짐 챙겨서 천천히 와."

영대씨는 미리 싸둔 낚시 가방을 둘러메고 얼음 위를 조심스레 걷고 있었다.

"같이 노름을 해 봐야 그놈 인간성을 안다던데, 그 말도 헛소리네. 한겨울에 머나 먼 타향 객지로 같이 낚시 왔다가, 먼저 잡았다꼬 먼저 가는 이런 인간이 어데 있노?"

한참 뒤에나 올 것 같던 삼중씨가 새벽마다 조깅하는 사람답게 저수지 초입에서 영대씨를 따라 잡았다.

"흐흐흐……."

"와 웃노? 내가 니 하나 못 따라 잡을 줄 알았나?"

"고것이 아니고, 나 워디 가면 저도 따라 올라고 찡찡거리는 놈을 막 뭐라 해서 쪼까 보내고 돌아서면 또 쫄랑쫄랑 따라 오고 있는 우리 방울이 생각이 나서 그런당게."

"이런 니기미! 그라고 빠른 거 좋아해서 하는 말인데, 새마을호가 빨리 달려서 운임이 비싼 기 아이고, 객차 자체가 고급이고 서비스도 틀려서 그런거란 말이다. 비둘기호 뱬소하고 새마을호 화장실하고 같더나? 문 열 때 냄새부터 틀린다 아이가. 이 문디야!"

"아! 그까짓 똥시깐이야 워찌면 워쪄? 그런 거 저런 거 따지는 늠은 들 급헌 늠이여. 거그가 놀이터가 아니구 말하자면 화급헌 불을 끄러 가는 곳인디, 바닥이 오줌 천지구 냄새가 쪼까 거시기허더라도 내 속 편쿠 옷 안 버리면 장땡이랑께."

두 사람은 버스가 다니는 큰 길을 향해 걸으면서도 계속 티격태격했다.

"그래, 내가 니 맘을 잘 안다. 말도 많고 탈도 많고 노다지 보슬비에 젖어가는 목포행 완행열차에서 얼마나 시달릿으믄 그라겠노. 똑 같이 보슬비에 젖어 가는 열차라도 이별에 부산정거장은 기차 발통 구르는 소리도 신바람이 난다꼬. '보오슬 비가아 소리도 없이 이별 슬픈 부산 정거자앙 자알 가세요오 잘있어요오 눈물에 기적이 운다아, 한 많은 피난살이 설음도 많아, 헤이, 그래도 잊지 못할 판자집이여 헤이, 갱사앙도 사아투리에 아가씨가 스을 피 운다, 이이벼얼에 부산 정거자앙 짜라라 짠짠짠' 어떻노? 가락이 학실히 틀리제?"

"작것! 지랄허고 자빠졌네."

삼중씨와 영대씨는 구미역 대합실에서도 의견이 엇갈렸다.

"아따 대기 깝치 쌌네. 하루 점도록 쫄쫄 굶었는데, 어데 가서 요기라도 하고 천천히 가자."

"어허 아니랑게 그려. 우리가 이 날을 월매나 지둘렸어? 열차에도 묵을 것은 쌨당께. 몰랑몰랑허고 달착지근헌 카스테라나 찹쌀떡이 솜뭉테기 맹키로 목구녕으로 안 넘어 간다는 늠은 배가 들 고파서 허는 소리랑게. 여러 소리 헐 것 없이 싸게 싸게 올러 가서 먹칠 버텀 허자고. 나넌 직접 어탁, 간접 어탁에 칼라로다가 몇방 더 찍을 판이여."

설 쇠고 올라가는 사람들 틈에서 한참을 옥신각신하다가 '상행선은 막차 입석표밖에 안 남았다' 는 안내 방송을 듣고 두 사람은 기겁을 했다. 경부선 상행선은 부산에서 이미 잔뜩 태우고 대구에 와서 또 그만큼 타는 바람에 평소에도 빈자리가 드문 구미역을 몰라봤던 거였다.

하루 종일 얼음 위에서 꽁꽁 얼었다가 후덥지근한 역전의 식당에서 쿨러 뚜껑을 열어 놓고 한잔 마시고 월척 얼굴 한번 보고, 또 마시고 또 보다가 그들은 평소의 주량을 훨씬 넘겨버렸다. 열차 시간 20분 전 쯤에 대합실로 들어 온 그들은 의자에서 꾸벅꾸벅 졸다가 새벽 2시 30분에 1분간 장차했던 상행선 막차가 구미역을 빠져나갈 때는 코까지 골면서 완전히 곯아 떨어졌다.

추위를 피해서 대합실 안을 서성거리던 노숙자들이 두 사람을 발로 툭툭 건드려도 그냥 죽어서 자고 있었다. 그중에서도 큼직한 개털 귀마개를 하고 있는 남자는 그런 일이 전문인지 순식간에 보슬비에 젖어가던 경부선과 목포행 완행열차를 피난민 열차로 만들어 버렸다.

한참 뒤에 술과 잠이 동시에 깬 영대씨는 자신의 눈을 믿을 수가 없었다. 얼음 구멍에 빠져서 허우적거리던 꿈만 꾸다가 눈을 떠 보니 꿈속이 현실이고 현실이 꿈속 같았다. 살인적인 혹한 속에 낚시 짐은 물론이고 방한복에 방한화까지 홀랑 벗겨 가 버린 거였다.

"작것이 꿈 얘기 헐 때 알아 봤으야 허는 디……. 똥 밟은 인간허고 같이 마셨응게로 뭐가 되것어? 오매! 이 일을 어째야 쓸꼬."

낮에 이별의 부산정거장을 신나게 불러 젖혔던 사람도, 삶아서 말린 멸치 같은 모습으로 얼어 죽다가 옆에서 구시렁거리는 소리에 간신히 정신을 차렸다.

"니기미, 넘 말 하고 있네. 말이 씨가 된다꼬, 니 말 대로 우리 지끔 홀랑 벗고 신선놀음하고 있는데. 봉황이고 나발이고 집에 갈 차도 없다 아이가? 내가 와 이 인간을 알아 가꼬 가는데 마다 가시밭길로만 가는 지 모리겠네. 이 일을 우짜믄 좋노? 으으으으으, 아이고 추버라."

그들은 그 꼴을 당하고서도 정신을 못 차리고 남의 탓만 하고 있었다. 엄마와 함께 부산행 막차를 타려고 대합실로 들어왔던 어린 아이가, 꼭 부둥켜안고 있는 두 사람이 싸움을 하는 줄 알고 제 엄마에게 나지막한 소리로 물었다. '엄마! 나도 엄마 아빠 말 안 듣고 보람이 하고 자꾸 싸우면 나중에 커서 저런 사람 되는 거야?', '쉿 그래도 저 사람들 앞에서는 그런 소리하면 안돼!' 아이의 엄마는 거지 중에서도 상거지인 그들이 해코지를 할까봐 서둘러서 개찰구를 빠져 나갔다.

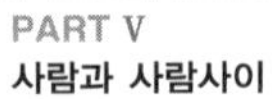

PART V
사람과 사람사이

망치부락 망치영감 26

부산발 거제도행 여객선 새마을호의 갑판은 난장판이었다. 저마다 저 여기 있다고 악을 쓰는 카셋트 레코더 하나 씩 둘러 맨 피서객들이 무질서하게 설쳐대는 모습은 돈이 없어서 소풍이나 수학여행도 못 갔던 사람들이 묵은 한(?)을 일순간에 풀어 젖히는 한풀이 마당에 다름아니었다

뭐시기 아배, 거시기 아재가 징용 갔던 부산항. 뭍에서는 더 이상 기댈 언덕이 없어서 먼바다로 나갔다가 끝내 돌아오지 못한 수많은 뱃사람들의 영원한 피안 부산부두는, 예나 지금이나 보내는 사람들 보다 떠나는 이들로 해서 여전히 뱃머리다웠다.

승선인원도 무시하고 표 팔리는 대로 담아 실은 새마을호는, 이윽고 뱃고동소리도 우렁차게 남항의 물살을 가르기 시작했다.

"이런, 지기미! 출근길에 똥 밟았네."

"옳치! 그래, 한 장씩 올려봐. 너희들은 이제 다 죽었다."

"어허! 걷어 가 봐야 소용없어, 똑똑한 놈 석장이면 끝나는데, 가방 크다고 공부 잘 하는 놈 봤어?"

"맞아! 시간표가 필요 없었던 이 몸은, 새 학기 때 받은 교과서를 일 년 내내 모조리 싸 짊어지고 다녔으니까 가방이 꽤 크고 무거웠었지."

"시끄러워. 빨리 빨리 피 한 장씩 내 놔. 가방 큰 덕은 못 봐도, 깡통은 커야 밥을 많이 얻는거야."

"아참! 나 흔들었잖아."

"패 섞었잖아? 버스만 떠난 게 아니고 배 떠난지도 이미 오래야."

배가 가는지, 오는지도 모르고 갑판 한쪽 구석에서 판을 벌리고 있는 이 사람들. 주옥배, 백상길, 김호재는 친형제나 다름없는 오랜 친구들이었다. 그리고 구조라 해수욕장 우측의 망치부락이 호재의 고향이어서 그곳으로 피서를 가는 길이었다.

장승포항에 도착할 때까지도 화투판만 벌이고 있던 그들은, 연락을 받고 미리 뱃머리에 나와서 기다리고 있던 호재 사촌의 화물차에 실려서 망치에 도착했다. 그날 밤은 호재의 노모가 장만해준 잡어 회와 동동주를 양껏 먹고 마신 다음 입은 채로 쓰러져 자고, 이튿날 아침 일찍 쪽배를 빌려서 윤돌섬 너머로 낚시를 갔다. 호재 어머니 젊었을 적만 해도 '오뉴월 감싱이는 개도 안 묵고, 퍼 담아 와서 보리밭에 거름했다' 던 천혜의 어장이었지만 지금은 감싱이 커녕,

노상 눌러 살던 도다리 코빼기도 구경하기 힘들었다.

"쩝쩝……. 틀렸어. 내말대로 소양호로 갔으면, 지금쯤은 향어 끌어올리느라고 어깨가 뻐근 할 텐데……."

손잡이에 원자탄이 덕지덕지 말라붙어 있는 민물 릴대에 녹이 벌겋게 슨 방울도 그대로 달아놓고 도미를 잡겠다고 호언장담하던 옥배가, 마침내 그 잘난 낚싯대를 한 옆으로 치우고 뱃전에 길게 누웠다.

"물때도 그렇고, 해수욕장이 지척이라, 왔다리 갔다리 하는 놈들도 없고 바닥고기도 없겠어. 고생하지 말고 백사장에 가서 눈요기나 하자구. 요새는 죄다 비키니잖어?"

역시 댐 낚시 밖에 모르는 상길이, 남은 크릴 미끼를 모두 바다에 던져 버리고 제 낚싯대를 걷었다. 그것으로 그들의 거제도 바다낚시는 끝이었다.

구조라 백사장의 수많은 비키니들 중에서도 토종들은 처음부터 젖혀 놓고, 옥포에 많이 거주하는 외국의 선박 감독관이나 기술고문들의 부인이나 애인들의 벗다가 말았는지, 입다가 말았는지 모르게 아슬아슬하게 가리고 있는 모습만 훔쳐보면서 군침을 삼키다가 그것도 길래 할 짓이 아니어서 집으로 돌아왔다. 수박을 잔뜩 먹고 툇마루에 널브러져서 배꼽 밑만 벅벅 긁고 있던 옥배가, 마당에서 놀고 있는 멍멍이를 보고 또다시 입맛을 쩝쩝 다셨다.

"하! 고거……."

소양호로 가려던 친구들을 물 반, 고기 반 이라고 구슬려서 끌고 왔던 호재는, 손맛도 못 보고 백사장에서 훔쳐봤던 비키니들의 모습이 어른거려서 괴로워하는 벗들의 입안에 잔뜩 고인 침은, 멍멍이가 책임져야 된다는 결정을 내렸다. 주인이 부르는 소리에 혹시 먹을 것이나 주려나 보다가 꼬리를 치며 달려왔던 그놈의 목에 줄이 걸렸고, 호재의 노모는 '잡아 줄 사람이 있어야 되겠제? 쪼매 지다리 봐라. 망치영감이 집에 있을랑가 모리겠다.' 하고 서둘러서 삽짝을 나갔다.

"니 언제 왔더노? 얼굴이 많이 예빗네. 그래, 복중에는 개장국 따라 갈 보약이 없다."

호재 노모를 따라 온 망치영감은, 주름투성이인 얼굴에 환한 미소를 지으며 들이 단짝 개 줄부터 넘겨받았다. 잔치나 보신을 위해서 네발 달린 짐승을 잡을 일이 생기면 망치영감부터 찾는 것이 망치부락의 오랜 관행이었다. 그는 술 잘 먹고, 회 잘 뜨고, 마누라 잘 패고, 말 못하는 짐승들 때려잡는 솜씨가 좋아서, 종태라는 본명이 망치라는 별명에 가려서 살아 온 인물이었다.

텃밭으로 끌려가서 순식간에 시커멓게 그을려진 멍멍이는 속은 것이 몹시 분했던지 이를 악물고 있었고, 망치영감은 간 먹으랴, 칼질하랴 되우 바빴다.

"보래! 내가 이가 다 빠지서, 요새는 음석을 도통 못 묵고 얼굴에 검버짐이 다 피었다. 내 묵는 몫은 이리꼬(멸치)로 갚으께, 내도 가보시끼 한 다리 넣어도라."

영감은 잡아주고 머리와 내장만 얻어가는 것이 서운했던지, 누런 어금니 두개만 달랑 남아있는 입까지 쫙 벌려 보이면서 자기도 끼워달라고 했다.

"그리하이소."

"그럼요. 같이 드세요."

"가보시끼는 무슨 가보시끼에요. 치아도 부실한 노인양반이 잡숴봐야 얼마나 드신다구."

셋은 이구동성으로 영감을 먹자판에 합석시켰다. 안주도 푸짐하고, 술도 넉넉해서 오고가는 술잔이 철철 넘쳤다. 영감은 젊은이들의 말상대가 안 되는지라 묵묵히 먹기만 했다. 이빨이 없어도 큼직한 고기 점을 두어 번 우물거리다가 꿀꺽 꿀꺽 잘도 먹었다. 그런 식으로 망치영감은 중개 한 마리를 거의 다 잡수고 집으로 돌아가셨고, 죽 쒀서 개 준 꼴이 된 셋은 개고기 대신 망치영감을 안주삼아 씹어댔다.

"와! 잘 묵는다, 잘 묵는다 해도 저 영감 매추로 잘 묵는 인간은 처음 본다. 개고기가 아무리 소화가 잘 된다고 해도 순전히 잇몸으로 개 한 마리를 다 묵는 인간도 다 있네. 저 영감이 잘 묵는다는 소문을 듣기는 들었는데, 이런 식으로 인정사정없이 묵어 조질 줄은 진짜로 몰랐다."

"야! 그건 단순히 먹는 것이 아니라 예술이야, 예술! 행위예술이라고."

"쓰으바, 이가 없어서 젖먹이로 알았더니……. 너희들 잘 새겨들어! 우리 앞으론 절대로 이빨 없는 놈 하고는 가보시끼 하지말자."

먹다가 말 수는 없어서 씨암탉을 마저 잡아서 그들의 허전한 뱃속을 달래고 있을 때, 모처럼 영양보충을 한 망치영감은, 젖먹이도 아니면서 자고 있는 할망구의 쪼그라든 젖가슴을 더듬다가 호되게 꼬집히고 있었다.

PART V
사람과 사람사이

살다보면 27

'깨갱, 깨갱' 식당을 하는 주인 덕분에 아침, 저녁으로 잘 얻어 먹어서 틀거지는 접때, 옷로비 청문회에 나와서 잘못했다고 징징거리던 겉 다르고 속 다른 그 여편네들의 호피외투만큼이나 번지르르한 우리 '스텔스' 가 잡종 검둥이에게 오늘도 무참히 당하고 있었다.

"히.히.히……. 저놈은 순전히 괴기덩어리뿐인게로 스텔스가 아니라 뭐시냐, '수육' 이가 어울린당게! 쩌번에 아프카니스탄이서 넝마쪼가리 걸치고 싸우는 탈레반으 벌겋게 녹이 쓴 대공포에도 박살났던 시커멓고 요상시런 그 물건이 아무디서나 천하무적인중 알고 무담시 '스텔스, 스텔스' 허고 자빠졌냐?"

나의 영원한 맞수 김가는 해장술에 취해서 해롱거렸지만, 까마귀 울어봤자 그 소리가 그 소리라서 나는 들은 척도 않고 도망가는 재주 밖에 없는 우리 스텔스의 목줄만 만지작거리고 있었다.

"우헤헤헤헤……. 신작로고 워디서고, 암캐만 보였다허면 지까닥 올라타서 몸땡이는 한난디, 대그빡은 이짝, 저짝, 양짝으로다가 두개가 되야 부는 똥개들 뵈기 싫어서 나가 새복 잠이 늘어 분 사람인디, 스텔스, 아니 수육이란 저 놈, 새복마다 그 지랄 하다가 오늘 된똥 싸구마 잉! 어야! 수육이 주인양반, 개 쌈은 개 쌈이고, 낚시는 낚신 게로 집이 가서 한 그럭 얻어묵고 가방 메고 나와 야! 그라고, 진짜 스텔스는 뭔고 허니, 낮거리 하러 온 불륜남녀들이 몰고 온 차 남바 개려주는 모텔으 질다랗고, 얼룩덜룩한 비니루 위장막이 스텔스여! 인자 알았제?"

김가와 나는, 먹는 장사하는 억척스런 마누라들에겐 있어도 그만, 없어도 그만인 껍데기들이었다 물론 우리도 마누라 호령하며 살던 호시절이 있기야 있었지만, 결혼생활이란 장기전에서 이제는 매 라운드마다 오로지 홀딩과 클린치로 간신히 버티는 신세로 전락한 지 오래였다. 그러니, 식전 새벽에 소변보러 나왔다가 서로 눈이 마주쳐도, '좋은 아침' 어쩌고 하는 법도 없이 서로의 안색부터 살펴봤다. 척 보면 간밤에 안방에서 편히 주무셨는지, 아니면 마누라가 내 던진 베개 주워들고 홀에서 새우잠을 잤는 지 알 수 있을 정도로 서로의 신세가 비슷했다. 하루라도 안 보이면 쫓겨났나 싶어서 가슴이 덜컥 내려앉고, 막상 마주보고 있으면 괜스레 밉살스럽고, 짜증이 나서 노상 티격태격하다보니 그것도 정이라고, 고운 정 보다 미운 정이 더 하는 것이었다.

그렇게 장근 십년 세월에 걸친 공방전에서 어느 한쪽이 일방적으로 밀리는 경우는 없었는데, 얼마 전 단골다방에 내가 좋아 하는 타입의 아가씨가 새로 오는 바람에 칼자루는 김가에게 넘어가고 말았다. 김가는 걸핏하면, '뭐여? 시방 해 보자는 거여? 티켓다방 가이내허고 부적절한 관계를 맺었던 잡것이 뭣이 어찌고 어쪄? 당장 굶어 죽어도 끝끝내 지상낙원이라는 저쪽에도 쌀에, 돈에, 비료, 난방용 지름까장 퍼 주는 실정인디, 나가 마누래 몰래 삥땅 쪼까 친다고 고것을 꼬투리 잡고 나를 고롬코롬 괴롭혔제? 그래 좋다! 삥땅이 나뿐지, 불륜이 나뿐지 경찰서에서 해결이 안 되면 대법원까장도 가 보자고! 그러나 그 전에 너거 마누래버텀 나와 보라고 해!' 하고, 눈에는 보이지 않는 칼로 푹 푹 찔러서 사람을 산채로 잡아버리는 거였다.

입맛도 없어서 국만 두어 숟갈 떠먹고 일어서는데, 누룽지 삶은 냄비에 코를 박고 있던 마누라가 고개도 안 들고 건성으로 물었다.

"밥도 안 묵고 또 어데 갈라꼬?"

"응! 공주애비가 자주 댕기는 낚시터 근방 설렁탕 집 깍두기가, 기가 막히게 시원하고 맛있다해서 겸사겸사 가 볼라꼬. 가서 묵어 보고, 봉다리에 쪼매 담아 오께 당신이 재료 분석을 한번 해 봐라."

"어이고! 핑계 좋다. 천날 만날 냉면 육수 잘 하는 집 주방장 만나러 간다, 된장 잘 담그는 할매 집에 견학 간다, 뭐 배우러 간다, 또 어데 간다 하고 싸돌아 댕기도 안죽까지 배추가 속이 찼는지 안 찼는지, 무시가 바람이 들었는지 안 들었는지도 구별 몬하는 주제에 그래도 할 말이 있는 갑다."

매일 듣는 소리였지만, 그냥 듣고 있으면 한도 끝도 없어서 한마디 했다가 본전도 못 뽑았다.

"있어 봤자 심심하고, 또 장사하는데 걸리적거리기만 하는데, 돌아댕기면서 그런 공부라도 하다보면 내도 밥값 할 날이 오겠지."

"뭐시라? 심심하다꼬? 아이고! 그래, 억수로 심심하겠지. 낮이 질면 밤이 짧고. 밤이 질면 낮이 짧다는데, 낮도 질고 밤도 질고, 밤낮으로 심심한 집구석은 우리 배끼 없을끼다. 어이고! 우찌 저리 낯짝도 두껍노! 내 집에 오는 손님들은 말캉 배 불리 먹여 보내는 년이, 밤이면 밤마다 육허기肉虛飢가 져서 잠 몬 잔다 하믄 안 웃는 사람이 없을끼다. 하이고, 참말로, 입으로 들어가는 음석이라믄 깡통 들고 동냥질도 나서겠다마는, 이일을 우짜것노, 시거던 떫지나 말아야지, 하루 이틀도 아이고, 이 일을 우찌 하것노."

"와? 화냥질도 안 있나? 할마시도 뺄겋게 칠하고 캬바레 가믄, 제비 한 마리 걸릴꺼다."

"저 문디가 뭐라카노? 내가 와 할마시고? 니가 시어 꼬부라진 영감태기지. 보기 싫다, 퍼뜩 나가라."

안 그래도 나갈 판인데, 들고 있던 숟가락까지 던지려고 하는데 그 자리에 그냥 있을 내가 아니었다. 밖에는 벌써 김가가 차 시동을 걸어 놓고 있었다.

"뭣 허고 자빠졌다가 인저서 기어 나와?"

김가는 처음 보는 두툼한 방한복을 입고 있었다.

"몬 보던 건데, 밥 묵고 돈 없다고 사정하는 불쌍한 놈 껍데기

벗겼더나?"

"응! 이것? '스쓰끼랍바!' 라고, 위 아래가 통짜로 붙어서, 허리짬으로 바람이 한나도 안 들어오고 겁나게 따숩당께."

십년도 넘은 나의 무겁고 우중충한 돕바와 비교하니 부아가 나서 그냥 넘어 갈수가 없었다.

"뭐라꼬? 소새끼갑빠? 그래! 니 한테 참 잘 어울린다."

"스쓰끼랍빠라니께 잡것이! 쩌번에 너거 형수씨가 달거리손님 보내고 목간 잘 허고 온 날 밤에, 나가 또 봉사허니라고 코피가 안 터져부렀냐? 그랑께로 요로고로 이쁨 받고 살제."

"소새끼……. 목욕 가기 전에 떡뽁이도 묵지 그랬노?"

"어허? 이 잡것이 시방 또 허자는거여, 뭐여? 나넌 다방 가이내들 허고 놀 줄 몰러서 안 노는 중 아냐? 시상천지에 노다지 서방 한나만 믿고 사는 조강지처를 배신한 천하으 잡놈이 뭣이 어찌고 어쪄? 오냐! 제수씨 시방 집에 있제? 나가 좀 만내야 쓰것다!"

"소새끼야! 차라리 진짜 칼로 찔러라. 진짜 칼로 찔러!"

출발하기 전에 되다 만 소리로 귀한 시간 낭비를 하고, 또 한 시간 정도 달려서 도착한 저수지엔 '쓰레기 때문에 못 살겠다! 낚시꾼 X들 출입금지!' 라는 시뻘건 팻말이 박혀 있었다. 우리는, 분위기 안 좋은 곳에 앉아서 낚시하다가 봉변당하지 말고, 좀 멀지만 이 철에 학꽁치가 잘 붙는 방파제에 가기로 합의를 봤다.

우리가 도착한 방파제는 초입서부터 등대 끝까지 울긋불긋한 복장의 낚시꾼들이 저마다 길고 짧은 낚싯대를 휘두르고 있었고, 낚싯대 보다 머릿수가 훨씬 더 많은 것은 낚시꾼 한명에 달린 입이 둘

셋은 되는 가 보았다. 뒷전에서 소주병 차고 기다리다가 꽁치가 올라오는 족족 초장에 찍어 먹고, 벌겋게 취한 사람들이 가로 세로 걸려서 빈자리 찾아 들어 가는 것도 여간 어렵지 않았다. 간신히 빈틈을 쑤시고 들어가서 싸구려 민물 릴대에 작년에 쓰고 쳐 박아 둔 학꽁치 바늘을 묶고 있는데, 김가는 갑자기 휴지를 챙겨들고 뒤편 난바다 쪽의 데트라포트를 넘어갔다.

입질 커녕 처음부터 옆 사람의 채비와 엉켜서 난처해하고 있는데, 방금 뒤로 넘어 간 김가에게서 핸드폰이 걸려왔다.

"나여!"

"안다! 바빠 죽겠는데, 똥 싸는 거 중계할라꼬 걸었나?"

"어허이, 소리 낮추랑께. 나 시방 뒤켠 삼발이 중간 짬에 있는디, 닙빠 챙겨서 싸게 좀 와."

"뭐라꼬? 닙빠? 니가 와서 가 가라. 부지런히 잡아서 저녁에 마누라 회 덮밥 해 줄끼다."

숨 넘어 가는 소리 하는 걸로 미루어봐서 심상치 않은 사태가 벌어진 것을 직감한 나는, 이 기회를 잘 살려야 칼자루를 다시 뺐을 수 있다는 계산을 하고 계속 느물거렸다.

"워매, 시벌 놈! 오라면 올 것이제, 나 죽는 꼴 보고 잡냐? 으윽……. 워매, 미차불것네……. 부드득……. 싸게 와 잉!"

'죽겠다' '미치겠다'를 번갈아하며 이빨까지 갈아대니, 죽었으면 문상이고, 미쳤으면 문병인데, 좌우지간 가서 들여다봐야지 안 그러면 그 성질에 우리 집에 전화해서 티켓다방 건을 고자질 안 한다는 보장이 없었다.

김가는 데트라포트 속에서 함정에 빠진 늑대 같은 표정을 하고 있었다.

"와그라노? 그 밑에서 닙빠가 와 필요하노? 벗고 있으이까네 끼란 놈이 집게발로 꼬치를 물고 늘어졌나?"

"후우우, 나 시방 암껏도 안 보잉게로 건드리지 말고, 이것 쪼까 어떻게 해 보랑께. 아무리해도 자꾸가 안 내려 간당께."

턱 밑에까지 바짝 당겨 올린 방한복의 지퍼는, 질기디 질긴 나일론 천을 완강하게 물고 있어서 연장 없이는 안 되게 되어 있었다.

잘 할 수도 있었는데 멀쩡한 천까지 쭉 찢어서 지퍼를 내리자 역한 냄새가 코를 찔렀고, 방한복은 이미 똥자루가 되어 있었다. 김가는 두말없이 데트라포트 깊숙이 내려가서 뒷물도 하고 빨래도 대충하고, 올라 올 때는 이미 새파랗게 얼어 있었다.

"헤헤헤……. 보기 좋다! 붕알이 꽁꽁 얼어서 땡기고 아플낀데, 퍼뜩 집에 가서 제수씨 앞에 내 놓고 호호 불어서 녹여 달라꼬해라. 갱물로 씻었으이까네, 짭쪼름하이 간도 맞을끼다. 참! 사진 한 장 박아 주까?"

개 떨 듯 하면서 물이 뚝뚝 떨어지는 자루 속으로 다시 들어가고 있는 김가의 모습은, 죽을 때까지도 잊지 못할 명장면이었다.

"그만혀 잉! 참는디도 한도가 있는 벱잉께……. 그란디 이 잡것이 보자보자 항께로, 오냐! 너거 집 전화번호가 팔, 팔, 일에 칠, 이, 한나제? 이 잡것!"

김가는 진짜로 전화를 걸 생각이었는지 핸드폰을 꺼내 들었지만, 아까 방한복을 행굴 때 그 속의 핸드폰도 소금물을 먹어서 진즉에 고물이 되어 있었다.

"워매! 국 쏟고, 치마 버리고, 거시기 디고, 뺨 맞고 아침 밥까장 굶는다등마, 좋다고! 너거 집이 가서, 내 입으로 직접 불어 불 모양이니께 각오 허고 있어 잉!"

벗기기 전에 다르고, 하고 나서 다르더라고, 김가는 징징거리며 사정하던 조금 전과는 달리 독이 시퍼렇게 올라서 나를 노려봤다.

"어허! 그놈 성질 참 고약하네. 살다 보면, 중도 보고, 절도 보고, 빤쓰에 똥 묻힐 때도 있는데, 내가 티켓다방 가시나하고 연애 한번 했다꼬 쫓겨 날 꺼 같나? 우리 마누라 그리 속 좁은 여자 아이다."

그 순간, 김가의 얼굴이 데드마스크처럼 굳어버렸다.

"뭐여? 시방 뭐라고 했어?"

"살다보면 빤쓰에 똥 묻힐 때도 있다캤다. 이자뿌기 전에 손바닥에 적어주까?"

내 말이 채 끝나기도 전에 김가는, "시돕! 그만, 그만 하랑께. 그만 하자고 잉! 자네는 티켓다방에 간 사실이 절대로 없고, 나도 말하자면 사리마다에 거시기 헌 사실이 없는 거여. 인자 됐제?" 하고 내 손을 꽉 잡았다. 살다보면 우리처럼 어중간한 사내들도 이런 시절, 이런 장소에서 이런 식으로 야합을 할 때도 있는 거였다.

물위에 둥둥 떠 있던 갈매기들이 김가가 벗어 던진 누런 팬티가 떠밀려 오는 것을 보고, 후다닥 겨울 바다위로 힘차게 날아올랐다.

PART V
사람과 사람사이

신포리 타령 28

서울에서 자정에 출발했지만, 두 시간 남짓한 거리의 춘천호의 신포리에는 이미 비집고 들어 갈 자리가 없었다. 고기가 나온다 하면, 주말 아니라 평일에도 빈 좌대가 없는 곳이지만 이렇게까지 빈 틈이 없을 줄은 아무도 몰랐다.

한 주일 내내 회원들에게 월척바람을 잔뜩 불어 넣었던 신총무는 좌대 예약을 제대로 못한 죄 때문에 주차장의 자동차 사이로 숨어 다니다가, 성질이 불같은 회원과 마주치자 '어마! 뜨거라!' 하고 컴컴한 곳으로 튀어버렸다.

성남金成男은 죽마고우인 신총무가 사라진 방향으로, 안 맞아도 좋고, 맞으면 더 좋다는 속셈으로 주먹만한 돌멩이를 집어던졌다. 그러나 신총무 마빡 터지는 소리 대신에, 젊은 여인의 애간장 녹이는 교성 비슷한 것이 성남의 귀를 간질였다.

"아잉! 자기야, 하지마아."

"뭘 하지 말라고? 난 여기서 손가락 하나도 안 움직였는데."

"피이! 자기가 금방 나 놀래키려고 돌맹이 던졌잖아잉."

"난 안 그랬어."

"지난번 무창포에서 배 낚시 할 때도, 내가 소변 마렵다고 하니까, 상어 나온다고 막 놀리고 그랬잖아 잉. 그때도 나 진짜로 무서웠단 말야."

"히이……. 그렇지만 지금은 진짜 안 그랬어. 혹시 그쪽에 뭐가 있는 거 아냐?"

"어머! 싫어, 싫어, 오지마아."

"뭐 어때, 우리 밖에 없는데 뭘."

"싫어, 싫어, 어머? 진짜 왜 이래? 사람들 오면 어떻게 할려구?"

'어디 보자', '저리 가라' 어쩌고 하면서 아카시아꿀 익어가는 봄밤을 달착지근하게 녹이는 걸로 봐서, 초보신랑을 보초 세우고 감자밭에 들어가서 볼일을 보던 새색씨 근처로 눈먼 돌이 날아갔던가 보았다. 성남은 그들이 부스럭거리는 소리에 군침만 삼키다가, 그것도 길래 할 짓이 아니어서 신총무의 고물 승합차로 돌아왔다. 다른 회원들은 어디를 어떻게 비집고 들어갔는지, 텅 빈 승합차에 길게 누워서 배꼽 밑만 벅벅 긁고 있자니 밑에서도 성질(?)이 나고 있었다. 그때, 짙은 화장을 한 아가씨가 생글거리며 차창을 두드렸다.

"어머! 왜 이렇게 혼자 고독을 씹고 계세요?"

문을 열어주니 스스럼없이 옆에 털썩 앉으며 수작하는 꼴이,

제말마따나 고독남들 여럿 잡아먹은 여우일시 분명했다. 그러나 성남 역시 그 방면에는 내공이 깊은지라, 이런 경우엔 몇 호 원줄에 몇 호 바늘을 써야 몸맛을 제대로 볼 수 있을까 하고 머릿속이 바빠졌다.

"놀래라! 나넌 양귀비가 환생헌 중 알었슈."

달인답게, 성남은 버리고 살았던 고향 사투리로 탐색전을 시작했다.

"어머? 아저씨, 농담도 재미있게 하시네. 그런데 사모님은 어디 가셨어요?"

여우의 작업도 초장부터 노골적이었다.

"허, 허, 그 예쁜 입으루다가 워치기 그런 모진 말씀을 허신대유? 지 짝이 될 처자는, 연태 저이 친정에 있는 지, 워디서 뭘 허고 있는 지 몰러서 못 만나구, 이 나이 먹도락, 이냥 이렇게 쓸쓸히 지내고 있슈."

성남은 바지 주머니에서 담배를 꺼내면서 잽싸게 결혼반지를 빼 버렸다.

"세상에! 이렇게 듬직한 오라버니에게 아직도 짝이 없다니, 나도 여자지만, 대한민국 여자들 전부 눈이 삐었네! 오라버니 있잖아요, 기분도 그런데 우리 드라이브해요. 네?"

"허억!"

예쁜 것이 예쁜 말만 골라서 하니 성남은 숨이 꼴깍 넘어갔다.

"좋은디. 다 좋은디……."

"어머, 왜요?"

"지가 그러니께 밤눈이 거시기해설랑은, 시방은 운전허는 것이 쪼까 거시기헌디……."

성남의 말이 채 끝나기도 전에, 여우는 제가 피우던 담배를 성남의 입에 물려주며 눈을 찡끗했다.

"그럼, 제가, 할께요. 저 면허 딴 지 꽤 오래됐어요."

"으히히히히, 가유, 하늘 끝까장이락두 가자구유"

일이 되려고 그랬는지 매사에 꼼꼼하기 짝이 없는 신총무도, 그날따라 빈 좌대가 없다는 소리에 당황해서 자동차의 키를 그대로 꽂아두고 숨어 다니기 바빴던 거였다. 아무도 모르게 신포리 낚시터를 빠져나온 그들은, 춘천 방향으로 달리다가 의암호의 덕두원 근처에 왔을 때 그녀가 차를 세웠다.

"오라버니! 여기서 잠깐만 기다려요."

그녀가 소변을 보려고 차에서 내리자마자, 성남은 자신의 낚시짐에서 은박돗자리를 꺼내들고 숲속으로 가나, 물가로 가나, 하고 행복한 고민을 하고 있었다. 그러나 그것은 밤눈 어두운 사람 혼자만의 착각이었고, 떡 줄 사람은 그것이 아니었다. 갓길에서 볼일을 보고 일어서던 그녀는, 때 마침 굉음을 내며 달려오던 오토바이를 발견하고 두 손을 흔들며 도로 한가운데로 달려갔다.

"병탁씨! 여기야, 여기."

죽을 둥 살 둥 모르고 악셀레이터를 당겨대던 꽁지머리도, 용케 그녀를 알아보고 급정거를 했다.

"여기서 뭐해? 당구장에서 아무리 기다려도 안 오길레, 7번 조용필이한테 연락하니까 최사장 팀들 따라서 신포리로 밤낚시 갔다고 하잖아."

"말두 마! 안 따라 오면 기본 팁도 안준다고 하면서 얼마나 질퍽거리던지, 아유, 그 진상들. 다희한테만 살짝 귀띔하고 빠져나왔는데, 지금쯤 난리 났을꺼야. 병탁씨! 나 피곤해, 빨리 집에 가자, 응?"

어렵게 벌어서 쉽게, 쉽게 살아가는 밤에 피는 장미(?)가, 사랑하는 놈팡이의 등 뒤에 찰싹 붙어서 사라지는 순간, 성남은 기겁을 하고 차에서 달려 나왔다.

"야늠아! 너 누구여? 어? 어? 저것들 진짜 가네? 야! 야! 야, 이 도둑년아! 거기 서. 안 줘두 좋아. 안 줘두 좋으니까, 나 신포리로 도로 데려다 줘. 나 운전 못 해. 내말 안 들려? 나 돌아갈래. 아유, 시발……."

그들은 순식간에 시야에서 사라졌고, 뒤좇아 가던 성남은 돌부리에 채여서 나동그라졌다. 외출 나가서 모처럼 참한 파트너를 만났다고 입이 찢어졌다가 며칠 후, 소변 볼 때마다 거기가 찢어지는 것 같아서 진저리를 쳤던 유격장 조교시절의 그런 낭패감이 시공을 초월해서 또다시 그의 가슴을 갈가리 찢어 놓고 있었다.

PART V

사람과 사람사이

아들의 별명 29

대통령 출신의 억만장자 두 사람이 교도소에서 독방 징역을 살면서 잘 나갈 때 장복했던 산삼, 녹용, 해구신의 효능 때문에 잠 못 이루고 뒤척이다가 뒷산 불여귀不如歸 우는 소리에 놀라서 바싹 바싹 말라간다는 풍문 속에 금년에도 오월은 속절없이 가고 있었다.

계절의 여왕이라는 호칭에 걸맞게 나들이하기에 좋은 날이 계속돼서 산과 들에는 사람들로 넘쳐나고, 가고 오는 길이 꽁꽁 막혀서 고생을 사서 하는 행락객들도 무척 많았다.

그리고 오월은 낚시꾼들에게도 좋은 계절이라서 서해 연안으로 알을 품고 올라오는 감성돔을 기다리는 격포 권의 단골꾼들은 말할 것도 없고, 모내기를 위해서 저수지의 물만 빼지 않는다면 수초밭에서 몸부림치는 산란 전 후의 붕어를 노리는 민물 낚시꾼들에게도 대목이었다.

그러나 마음먹은대로 낚시터 찾아다니던 시절은 이미 옛날이었다. 목적지에 도착하기도 전에 돌아 올 걱정부터 해야 하는 실정이라 여간해서는 멀리까지 갈 엄두가 안 나는 것이었다. 그리하여 보트낚시나 양어장 낚시꾼들과는 술자리 합석도 마다했던 원로들도 이제는 그 고생하면서 찾아 간 물가에서 헛손질만 하고 오기에는 너무 억울해서 슬며시 보트를 구입하고 연안 낚시꾼들의 찌 바로 앞으로 노 저어 가는 민망한 모습도 보이고, 유료 낚시터 곳곳에서 '뜰채!' 하면 '오냐, 간다' 하고 달려가는 모습도 심심찮게 볼 수 있었다.

"저 앞에 차 좀 세워라 한 잔 해야지 도저히 안 되겠다."

죽마고우인 '아부나이' 가 아까부터 보챘어도 핸들을 잡은 나는 모른 척하고 길가에 널린 '이런 가든' , '저런 가든' 들을 그냥 지나쳤다.

"니 지금 내말 안 들리나?"

"……."

최영석이라는 본명 대신에 위험하다는 뜻의 일본말 '아부나이' 란 별명으로 불려온 지 장근 사십 년이 넘었어도 그의 불같은 성질은 여전해서 오나가나 탈이었다.

"내 죽는 꼴 보고 싶나? 세우라카믄 퍼뜩 세워라."

"내는 그리 몬 한다. 면허 새로 딴 지 한 달도 안 되는데 또 음주로 걸리란 말이가? 이왕 참은 김에 쪼매 더 참아라."

음주단속은 무서워도 과속은 즐기는 편이라서 나는 엑셀레이

터를 힘주어 밟았다. 자주 가는 양어장 낚시터에서 손맛을 제대로 보고 있던 우리가 일찍 철수한 것은 막되 먹은 계집들 때문이었다. 야외에 나오면 주변에 사람들이 있건 말건 고기부터 구워서 남들의 기분을 잡치게 한 다음 가랑이 쩍 벌리고 앉아서 '쌌네', '흔들었네' 하고 밤에 이불속에서 해도 부끄러운 소리를 벌건 대낮에 큰 소리로 떠들어대는 낯짝 두꺼운 여편네들이 재수 없게 우리 근처에서 놀고 있었던 거였다.

아까도 대 여섯 살 쯤 되는 그것들의 아이들이 저희들끼리 놀다가 낚시터에 돌을 던지며 장난을 치는 바람에 참다못한 어느 노인이 그 녀석들을 나무라자 우르르 몰려 와서 제 새끼들 기죽인다며 욕설을 퍼붓고 그것들의 남편까지 꼴값을 떨어서 그런 거였다.

그러니 경우에 어긋났다 싶으면 남의 싸움 가로 맡아서 제 싸움으로 만들기 일쑤여서 어려서도 '아부나이' 늙어서도 '아부나이' 인 내 친구가 그냥 보고 있을 리 만무했다.

"이것들이 인간이가? 저거 새끼들 잘못 한 거는 못 본 척 하고, 나이 많은 사람한테 개 떼 같이 몰리와서 이기 무신 짓이고?"

내가 말릴 틈도 없이 내 친구는 후다닥 달려가서 노인에게 제일 못 되게 구는 한 놈의 멱살을 잡고 흔들었다. 그러자 그것의 마누라와 또 다른 여편네들이 아부나이의 머리끄덩이를 잡고 늘어졌다. 백전노장인 아부나이가 질색을 하는 싸움이 된 것이었다. 그는 아무리 화가 나도 남의 여자들 하고는 다투는 법이 없었는데 오늘 제대로 임자를 만났었다. 머리카락이 뽑히고 팔뚝을 물어뜯기는 그를 보면서도 나는 가만히 있을 수밖에 없었다. 말리다가 나까지 물고 늘어지는 여편네가 있으면 욱 하는 성미에 한대 쥐어박을까봐 겁이 나서 그런 거였다. 그러나 다행히 그것들 남편 중에서 과거에 유명했었던 아부나이를 알아 본 사내가 있어서 KO패는 간신히 면할 수가 있었다. 뒤늦게 달려 온 낚시터 주인도 초복에 먹을 예정이던 황구를 잡겠다며 사뭇 붙드는 것도 뿌리치고 우리는 그곳을 떠났다.

"들어가서 한잔 하고 가라. 그것도 몬 하겠나?"

제 집 앞에 차를 세우자, 아부나이는 이번에도 마다하면 그냥 놔두지 않겠다는 표정으로 나를 째려 봤다. 때마침 그의 아내도 외출을 했다가 막 들어오고 있었다.

"빨리 술상 좀 봐라. 어데 갔다 오는 길이고?"

"길용이 담임 만나고 왔소."

옷부터 갈아입으려던 그의 아내는 남편의 표정이 수상한 것을 보고 술상부터 먼저 차려 왔다.

"길용이 담임은 와? 또 어떤 놈 들고 팼나?"

"그라믄 상 받아 가라꼬 불렀겠소? 다른 학교 퇴학생들이 저거 학교 후배들을 때리고 돈을 뺏었다꼬 찾아가서 패싸움을 했는데 또 주동을 했다요……. 하이고 우찌 그리 하는 짓이 똑 같은지……. 씨 도둑질은 몬 한다더마는 참말로, 옛날에는 서방 때문에 맘 졸이고 살다가 인자 쪼매 한숨 돌린다 싶었더마는 산 너머 산이네!"

아부나이의 아내는 술상머리에 앉아서 연해 한숨을 쉬고 있었다.

"지 앞도 못 가리는 놈이……. 애미가 만날천날 싸고 도이까네 그놈 행사가 그런 거 아이가? 이 노무 자석 들어오기만 해라."

나는 앞에 앉은 친구의 어릴 적 모습이 떠올라서 싱글싱글 웃고만 있었다.

"아재요, 우리 길용이 별명이 뭔지 아요?"

길용이 엄마가 기가 찬다는 표정으로 내 잔에 술을 따르면서 말했다.

"내가 그놈 별명을 우찌 알겠소? 생긴 것도 그렇고, 걸음걸이도 건들건들 하는 기, 옛날 지 애비하고 똑 같아서 우짜다가 길에서 만나믄 내도 고등학생으로 되돌아 간 착각이 들 때도 있습디다. 허허……."

속이 상한 길용이 엄마에게도 한 잔 권하려고 맥주를 단숨에 들이키던 나는 그녀의 넋두리에 웃음보가 터져서 술상을 엉망으로 만들어 버렸다.

"담임선생 하는 말이, 학생들이 우리 길용이 보고 '아부나이 아들' 이라 카는데 혹시 무슨 뜻인지 아느냐꼬 내 한테 묻는 바람에, 내도 처음 듣는 소리라서 모린다꼬 하민서도 부끄러버서 시껍했소. 대통령 아들도 얼굴을 몬 들고 사는 나라에서 '아부나이 아들' 이 뭐요? 세상천지에 그런 별명이 어데 있소? 어이구 넘사스러버라."

말썽장이 '아부나이 아들' 이란 녀석의 부친은 아까 낚시터에서처럼 얼굴이 벌겋게 달아오르고 있었다.

PART V
사람과 사람사이

다래골 이야기 30

마지막 순간까지 억센 몸부림을 치던 떼글떼글한 붕어를 살림망에 넣고, 손을 씻는 장원장의 입가에는 잔잔한 미소가 피어나고 있었다. 새우도 못 빠져 나갈 정도로 코가 촘촘한 살림망 안에는, 푸짐한 밑밥에 홀렸던 물 맑은 파로호의 붕어들이 가망이 없는 자유를 열망하며 비늘이 벗겨지고 있었다.

산기슭의 별장에서는 작은 딸의 바이올린 반주에 맞춰 아내와 아들과 큰 딸이 '켄터키 옛집'을 합창했고, 까투리 찾는 장끼의 목쉰 소리도 솔바람을 타고 흘렀다.

"원장님! 재미 좀 보셨습니까?"

댐 입구의 매운탕집 주인이자 별장관리인도 겸하고 있는 한씨가, 저만치서 시동을 끈 모터보트를 저어 왔다. 그는 어획금지 기간 중인 쏘가리를 가지고 오는 길이었다.

"어이구, 이걸 죄다 낚시로만 잡으셨습니까? 하여튼 원장님 실력은 알아 모셔야 한다니까!"

그는 묵직한 살림망을 들어 보면서 호들갑을 떨었다.

"부탁한 건 가져왔소?"

떡밥을 갈아 준 4칸 대의 갈대 찌가 제자리를 잡는 것을 확인한 장원장은 그제야 짙은 선글라스 너머로 안씨를 쳐다봤다.

"여부가 있겠습니까, 그런데……."

"왜? 무슨 일이 있어?"

장원장은 예신이 오고 있는 5칸 대 손잡이에 살며시 손을 얹었다.

"그게, 그러니까……. 아, 접때 여기 살던 그 팔푼이 있잖습니까? 그자식이 글쎄, 제가 아침에 걷어 온 그물에서 쏘가리를 떼고 있는데 갑자기 나타나서, 제일 크고 알이 꽉 찬 황쏘가리를 들고 튀었지 뭡니까."

"그놈은 그때, 제 형들이 데려 가지 않았어?"

장원장은 반 마디씩 오르내리고 있는 수제 갈대 찌를 노려보면서, 챔질 할 순간만 기다리고 있었다.

"그렇습죠! 그런데 그 병신이 오늘 불쑥 나타났더란 말씀입니다. 아마 제 형들이 데리고 가다가 중간에서 버렸겠지요. 말이야 바른 말이지만, 장가를 가서 학부형이 되고도 남았을 놈이 아직도 제 엄마 죽은 줄도 모르는데, 요즘 같은 세상에 아무리 피를 나눈 형제라도 그런 걸 누가 데려 가겠습니까?"

한씨는 보트의 물 칸에서 쏘가리를 건져 내면서, 아직도 분이 안 풀리는지 연신 구시렁거렸다.

“그런 바보가 어째서, 쏘가리는 훔쳐 갔어?”

“굼뱅이도 기는 재주가 있더라고, 그 팔푼이가 그래도 쏘가리는 기가 막히게 잘 잡았어요. 친구도 없이 혼자서 봄부터 가을까지 새카맣게 타서 돌아다녔는데, 물가에 있는 놈을 멀리서 보면 꼭 수달이 같았다니까요. 그렇게 잡아 오면 제 어머니가 내다 팔아서 가용도 하고 그놈 주전부리도 시키고 그랬지요. 오늘도 어머니 갖다 준다고 그런 모양인데, 그 동안 얼마나 굶었는지 바짝 마르고……. 그런 건 빨리 죽는 것이 서로 편한데…….”

“그래도 효자구먼!”

“아니? 그게 어떻게 효자 축에 듭니까? 그 할머니 염을 했던 사람 말이, 아무리 눈을 감기려고 해도 안 되는 그런 송장은 처음 봤데요. 그놈이 여길 오자면, 저 뒷산을 넘어 와야 되니까, 나타나면 개들을 풀어서……. 어? 어? 저거, 저거…….”

쭉 올라오는 5칸 대의 찌를 보면서 한씨는 고대 숨이 넘어갔고, 장원장은 능숙한 챔 질로 물속의 대물과 힘겨루기를 하고 있었다.

햇살이 점점 달아올라서 건너편 상무룡리에서 불어오는 바람에는 익어 가는 옥수수의 비릿한 냄새가 실려 있었고, 반짝이는 물비늘 사이로 마지막 산란을 하는 잉어들이 튀어 올랐다. 새벽부터 어깨가 뻐근할 정도로 대물 붕어들과 씨름을 했던 장원장은, 쏘가리 매운탕 끓이는 솜씨가 일품인 한씨와 함께 별장으로 올라갔다.

다래골 계곡 위의 외딴 오두막집이 헐린 자리에는 이제, 수입산 통나무로 지은 유럽풍의 별장이 주인 노릇을 하고 있었다. 몇 달 전, 정신박약인 막내아들과 단둘이 살고 있던 할머니가 세상을 뜨자, 그 전부터 장원장의 부탁으로 맞춤한 별장 터를 찾고 있던 한씨가 외지에 나가 살던 큰 상주와 둘째 상주를 만났고, 그 초라한 상청에서부터 일은 일사천리로 진행 됐었다.

"원장님, 저는 이만 가겠습니다. 지금 범바위로 가서 황토 섞은 밑밥을 잔뜩 앉혀 놓고 내일 새벽에 모시러 오겠습니다."

사모님 대신 주방에 들어가서 쏘가리를 손질하고 양념까지 해서, 끓이기만 하면 먹을 수 있게 해놓고 나온 한씨가, 금잔디가 깔린 넓은 마당에서 가족들과 퍼팅 연습을 하고 있는 장원장에게 인사를 했다.

"그렇게 하지. 한숨 자고 채비를 단단히 해 놓을 테니까, 내일은 당찬 잉어 손맛도 볼 수 있게 수고 좀 해 줘."

산위에서부터 내려 온 땅거미는 숲속의 식구들을 모두 불러 들였고. 부엉이 우는 소리에 다래골도 길었던 하루를 접고 있었다. 저녁 내 끊이지 않던 별장의 웃음소리도 마침내 잦아들고, 외등의 불빛에 홀린 나방들은 날개를 다치면서도 자꾸 날아들고 있었다.

그렇게 밤은 깊어서 상수리나무에 앉았던 부엉이도 날아가고, 구름 사이에서 얼굴을 내민 보름달만, 썩어 가는 황쏘가리가 검정고무신 한 짝과 앞서거니, 뒤서거니 하며 계곡물에 떠내려 오는 것을 조용히 지켜보고 있었다.

낚시꾼 김필의 세상읽기
blog.naver.com/kimphil21